Abenteuer Origami

Falte deine eigenen Spielwelten

Inhalt

… und jetzt geht's los!

Hallo an alle Fans des Papierfaltens,

hier kommen neue Faltideen zu sieben verschiedenen Themen. Zu jeder Spiele-welt gebe ich euch Tipps, was ihr mit den gefalteten Figuren so anstellen könnt.

Viele denken, dass Origami nur „Bastelkram" für Mädchen ist, aber das stimmt überhaupt nicht. Viele der großen Origami-Künster (auch meine Vorbilder) sind echte Kerle.

Mit Origami kann man sich nicht nur beim Falten toll beschäftigen, sondern auch super drinnen und draußen spielen. Ihr müsst es nur ausprobieren, aber nicht aufgeben, wenn es beim ersten Mal nicht gleich klappt. Übung macht den Meister! So war das bei mir auch mal.

In diesem Buch findet ihr viele Sachen für freche Jungs und coole Mädchen, die euch ganz bestimmt viel Spaß machen. Hier steht z.B. Mr. Galaxy der dunklen Bedrohung gegenüber, da versetzt man sich in das Reich der Märchen, fühlt sich wie im Wilden Westen oder taucht ab in die Unterwasserwelt.

Für die Modelle in diesem Buch könnt ihr alle Papiere verwenden, die ihr so zu Hause findet. Neben buntem Geschenk- oder Faltpapier könnt ihr z.B. auch Packpapier für den Cowboyhut oder glänzendes Schokoladenpapier für die Rake-te verwenden. Oder ihr seid ganz kreativ und bemalt euer Papier selbst vor dem Falten.

Also dann – legt los und viel Spaß dabei!

Euer Christian Saile

PS: Wenn ihr Probleme bei dem einen oder anderen Modell habt, dann dürft ihr euch gerne über meine Homepage www.christian-saile.de an mich wenden. Ich helfe euch dann weiter.

Grundsätzliches, das du wissen solltest

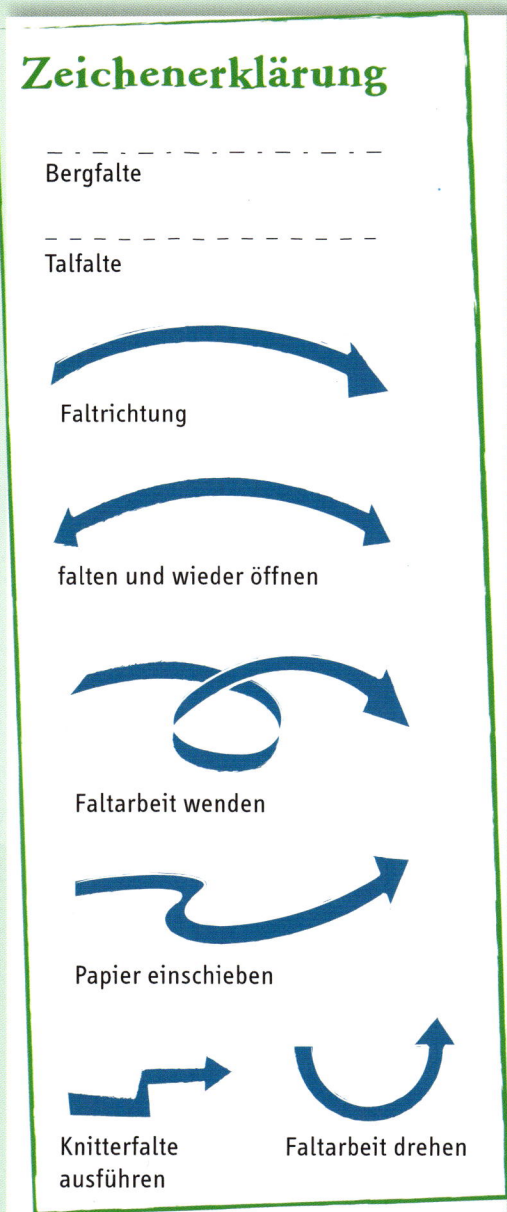

Zeichenerklärung

Bergfalte

Talfalte

Faltrichtung

falten und wieder öffnen

Faltarbeit wenden

Papier einschieben

Knitterfalte ausführen   Faltarbeit drehen

Grundlegende Faltungen

Bergfalte

Wenn die obere Seite des Papierbogens nach unten geklappt wird, weist die Faltkante wie eine Bergkette nach oben. Eine Strichpunktlinie markiert, an welcher Stelle eine Bergfalte gefaltet werden muss.

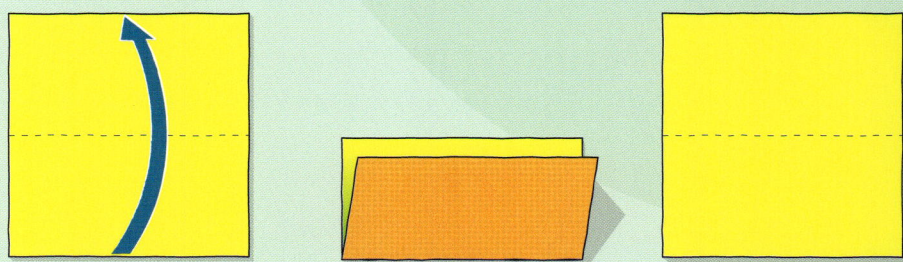

Talfalte

Wenn die untere Seite des Papierbogens nach oben geklappt wird, sieht die Faltung wie eine Rinne bzw. wie ein Tal aus. Eine gestrichelte Linie markiert, an welcher Stelle eine Talfalte gefaltet werden muss.

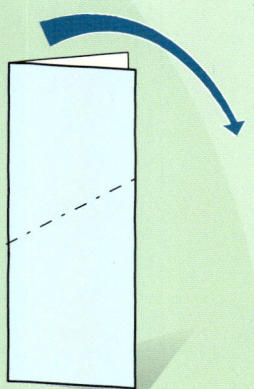

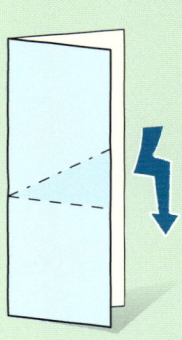

Gegenbruch bzw. Gegenknick nach innen

Hier musst du zuerst knicken, um eine Faltlinie zu erhalten. Die Faltung wieder öffnen und den entsprechenden Teil von außen nach innen falten. Dann streichst du die Falt-figur flach. Dieser Gegenbruch nach innen kommt z. B. beim Seepferdchen, beim Delfin und beim Drachen vor.

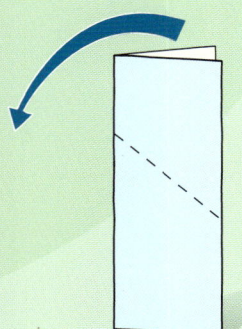

Gegenbruch bzw. Gegenknick nach außen

Auch hier musst du dein Faltmodell zuerst knicken, um eine Faltlinie zu erhalten. Dann öff-nest du die Faltung wieder und wendest den entsprechenden Teil von innen nach außen, d. h. du stülpst ihn quasi nach außen. Streiche die Faltfigur glatt. Der Gegenbruch nach außen kommt z. B. beim Seepferdchen, beim Eichhörnchen und beim Zauberer vor.

Knitterfalte

Hierbei laufen eine Tal- und eine Berg-falte an einem Punkt zusammen.

Papier

Um beim Falten schöne Ergebnisse zu erhalten, ist es wichtig, dass du gutes Papier verwendest. Es muss sich gut falten lassen, ohne dass du eine weiße Bruchkante erhältst.

Origami-Papier ist in der Regel nicht durchgefärbt, das heißt, die beiden Seiten haben unterschiedliche Farben oder Muster. Meist ist eine Seite weiß.

Wenn du noch nie zuvor gefaltet hast, ist es besser, du verwendest ein solches zweifarbiges Papier. Damit verlierst du nicht so schnell den Überblick, welche Seite nun deine Vorder- und Rückseite ist. Nach diesem Prinzip sind auch die Faltzeichnungen hier im Buch angefertigt.

Origami-Papier ist immer quadratisch und meist 15 cm x 15 cm groß. Es gibt das Papier aber auch in den Größen 10 cm x 10 cm und 20 cm x 20 cm im Fachhandel oder Schreibwarenladen zu kaufen. Welches Papier du verwenden sollst, ist am Anfang jeder Faltanleitung in einem quadratischen Feld angegeben.

Wenn du dein Papier selbst zuschneidest, solltest du darauf achten, dass die Seiten wirklich exakt gleich sind. Im Idealfall hat das Papier eine Qualität von 70–75 g/m^2.

Ich empfehle dir, vor dem Falten einer Figur mit Origami-Papier, diese Figur zuerst mit einem einfachen Schreibpapier zu üben. Man hat sich ganz schnell mal verfaltet, und dafür ist das schöne Papier einfach zu schade.

Falzbein

Eine gute Hilfe beim Falten ist ein Falzbein. Durch seine besondere Form gelingt das Falten leichter und es bleiben keine glänzenden Stellen auf dem Papier zurück. Die Spitze des Falzbeins kann bei engen Faltungen behilflich sein.

Schwierigkeitsgrade

Jedes Modell ist mit einer Schwierigkeitsstufe gekennzeichnet, damit du gleich weißt, wie viel Übung man braucht, um das Modell zu falten. Zu Beginn jeder Anleitung, jeweils ganz oben auf der Seite, ist das Modell dreimal ganz klein abgebildet. Die Anzahl der kräftig hervorgehobenen Modelle zeigt dir dabei den Schwierigkeitsgrad an.

Stufe 1: Einfach – Das schaffst du ohne Hilfe.

Stufe 2: Mittel – Dafür brauchst du etwas Übung.

Stufe 3: Schwer – Das wird knifflig! Etwas für echte Profis.

Meine besten Tipps:

✔ Falte deine Figuren immer auf einer glatten und trockenen Unterlage, am besten auf einem Tisch.

✔ Faltanfänger sollten die Figuren zunächst mit größeren Papieren (20 cm x 20 cm) probieren. Damit gelingen die Faltungen besser.

✔ Gib nicht auf, wenn du eine Faltung nicht auf Anhieb verstehst oder hinbekommst. Manchmal muss man ein bisschen ausprobieren, bis man verstanden hat, in welche Richtung eine Faltung gehen oder wie man welche Ecke umstülpen soll. Lege in diesem Fall das Papier am besten für einige Stunden zur Seite und probiere es später noch einmal.

✔ Wenn du ein Origami-Papier verwendest, dass zwei verschiedenfarbige Seiten hat, musst du vor dem ersten Faltschritt genau darauf achten, welche dieser Seiten oben bzw. unten liegen soll. Zu Beginn jeder Anleitung weise ich aber auch noch einmal darauf hin.

✔ Aber das Wichtigste von allem ist, dass du immer genau und sauber faltest und deine Kanten immer schön aufeinander liegen.

✔ Es ist wichtig, dass du deine Modelle nach den jeweiligen Faltschritten immer wieder schön glatt streichst. Das steht bei den einzelnen Anleitungen nicht immer extra mit dabei!

Wilder Westen
in der Stadt

Cowboyhut
Traditionell

Du brauchst
- ✓ Faltpapier in Braun oder Schwarz, 15 cm x 15 cm

1 Lege das Papier vor dich hin und falte die untere auf die obere Spitze.

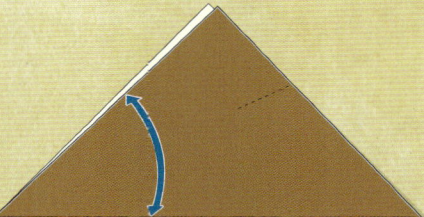

2 Klappe die linke schräge Kante auf die untere Kante. Streiche nur ein ganz kleines Stück rechts als Markierung glatt und öffne die Faltung wieder.

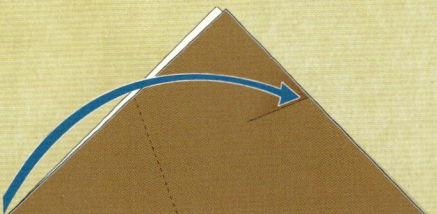

3 Falte nun die linke Spitze auf den bei Schritt 2 markierten Punkt an der rechten Kante. Streiche alles schön glatt.

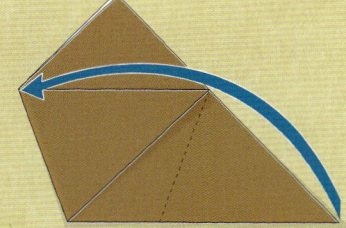

4 Jetzt faltest du die rechte Spitze auf die linke Ecke.

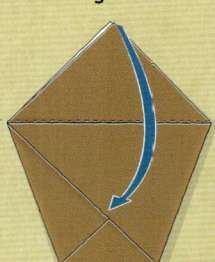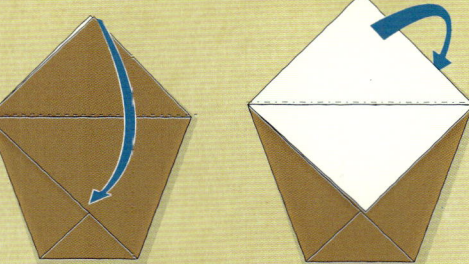

5+6 Die oberen Spitzen an der Markierung erst auf der Vorderseite und dann auch auf der Rückseite nach unten falten.

Mein Tipp

Wenn du den Hut aus einem Bogen Packpapier, ca. 55 cm x 55 cm, faltest, dann passt er auch auf deinen Kopf. Aufspringende Falten fixierst du dann mit ein wenig Klebeband.

7 Deine Figur sieht jetzt aus wie ein Becher. Drehe deine Figur um 180 Grad.

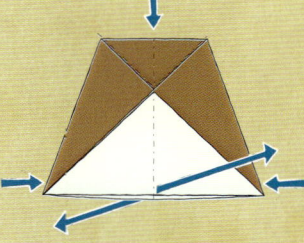

8 Drücke oben vorsichtig eine Kerbe ein. Fasse dazu mit der anderen Hand in den Hut. Danach ziehst du die Figur nach vorn und hinten auseinander. Drücke sie flach.

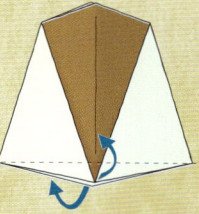

9 Die unteren schmalen Dreiecke faltest du auf Vorder- und Rückseite nach oben.

Pistole
Traditionell

Du brauchst
✓ 2 Bögen Papier in Schwarz oder Braun, A4

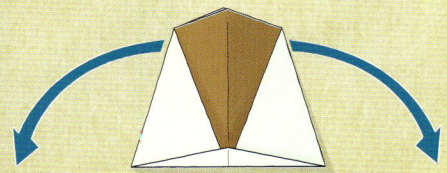

10 Ziehe nun vorsichtig die Dreiecke rechts und links zur Seite. Das wird deine Hutkrempe. Lass dir dabei eventuell von einem Erwachsenen helfen.

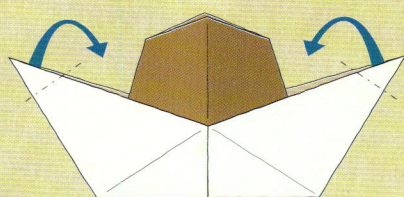

11 Die kleinen Spitzen rechts und links faltest du nach innen. Schon ist dein Cowboyhut fertig! Yee-Haa!

1 Rolle das erste Blatt an der Längsseite auf.

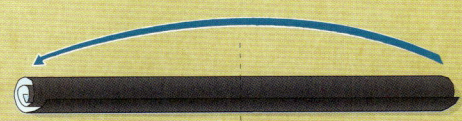

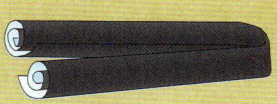

2+3 Knicke die Rolle genau in der Mitte. Das wird der Pistolenlauf.

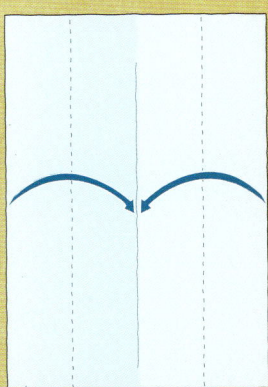

4 Falte jetzt dein zweites Blatt einmal längs in der Mitte und danach die rechte und linke Kante auf die Mittellinie.

5 Klappe nun das Blatt zusammen und danach einmal von unten nach oben.

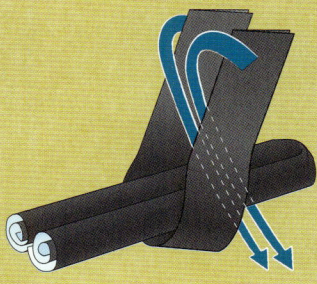

6 Lege den zweiten Papierstreifen wie in der Abbildung um die Papierrolle. Die oberen Enden nun in die Lücke der Papierrolle schieben und ganz nach unten ziehen.

7 Deine Pistole ist jetzt fertig. Du kannst deine Pistole „laden", indem du am hinteren Ende der Papierrolle ziehst.

Sheriffstern
Traditionell

Du brauchst
- ✓ Goldfolie, 15 cm × 15 cm
- ✓ wasserfester Filzstift in Schwarz
- ✓ Klebeband, Sicherheitsnadel

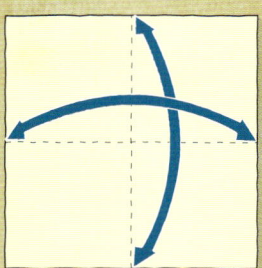

1 Lege dein Blatt mit der goldenen Seite nach unten vor dich hin. Falte nun die obere auf die untere Kante und öffne diese Faltung wieder. Danach faltest du die linke Kante auf die rechte Kante und öffnest auch diese Faltung wieder.

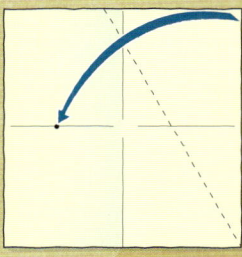

2 Falte jetzt die obere rechte Ecke auf die waagerechte Mittellinie (siehe Markierung).

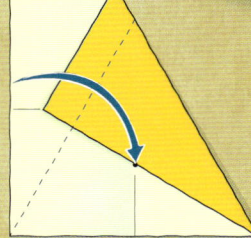

3 Lege nun die linke Papierkante nach rechts. Die Kante muss den markierten Punkt in der Mitte berühren.

4 Wenn du den rechten oberen Streifen mittels einer Bergfalte nach innen faltest, erhältst du ein gleichwinkliges Dreieck.

Mein Tipp

Falls deine Goldfolie zu dünn ist, benutzt du einfach den fertigen Stern als Schablone, schneidest ihn noch einmal aus Karton aus und klebst ihn als Verstärkung auf die Rückseite deines Sterns.

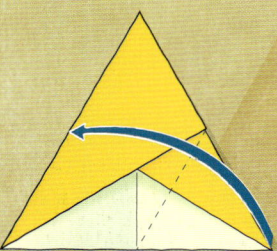

5 So sieht deine Faltarbeit jetzt aus. Falte nun die rechte untere Spitze genau auf die Mitte der gegenüberliegenden Papierkante.

6 Falte die Spitze an der Faltlinie zurück. Dieser Faltknick sollte genau am markierten Punkt von Schritt 3 liegen.

7 Nun wiederholst du Schritt 5 und 6 an der linken unteren Spitze.

8 Und nun noch einmal an der oberen Spitze wiederholen.

9 So sieht dein Stern jetzt aus.

10 Stecke die rechte Ecke des oberen Zackens unter die rechte Spitze wie abgebildet und wende den Stern.

11 Jetzt ist dein Stern fertig.

12 Beschrifte den Stern und klebe die Sicherheitsnadel mit dem Klebeband an der Rückseite des Sterns fest. Jetzt kannst du alle Gauner verhaften!

Unendliche Weiten

Rakete
Christian Saile

Du brauchst
✓ Faltpapier in Silber, Grau oder Weiß, 15 cm × 15 cm oder größer

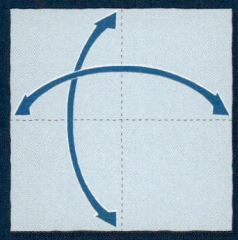

1 Lege das Papier mit der silbernen Seite nach oben vor dich hin. Falte nun erst die obere auf die untere Kante, öffne diese Faltung wieder. Falte danach die rechte auf die linke Kante und öffne auch diese Faltung wieder. Wende das Blatt.

2 Falte nun die rechte untere Spitze auf die obere linke und die linke untere Spitze auf die obere rechte. Diese Faltungen alle wieder öffnen. Wende das Blatt noch einmal und drehe es um 45 Grad.

3 Wenn das Blatt wie abgebildet vor dir liegt, drückst du die rechte und linke Spitze zur Mitte. ...

4 Falte nun die linke und rechte Spitze zur Mitte und öffne die Faltungen wieder.

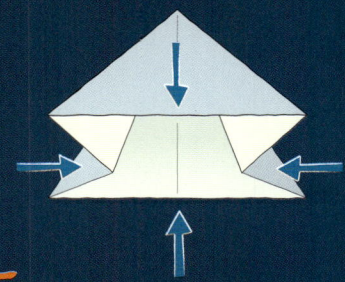

5 Dabei schiebt sich die Figur zusammen. Das nennt man auch „zusammen geschobenes Dreieck".

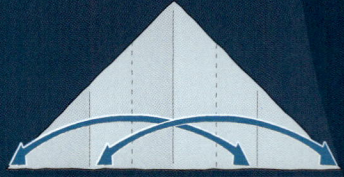

6 Falte nun die Spitzen auf die in Schritt 4 entstandenen Faltlinien. Auch diese Faltung öffnest du wieder.

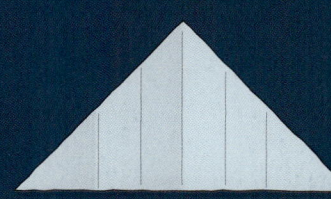

7 Deine Figur hat jetzt vorne fünf Faltknicke.

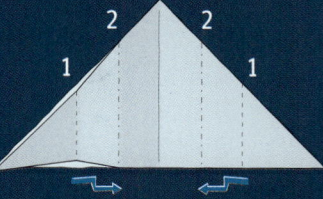

8 Lege jetzt die Spitzen rechts und links an Faltlinie 2 nach innen und an Faltlinie 1 wieder nach außen, also im Zickzack.

Raumschiff

Christian Saile

Du brauchst

✓ Faltpapier in Silber, 15 cm × 15 cm

9 So sieht deine Figur jetzt aus. Wiederhole Schritt 6 bis 8 auch auf der Rückseite.

1 Lege das Papier wie abgebildet mit der silbernen Seite nach unten vor dich hin und falte zuerst die obere Spitze auf die untere. Diese Faltung wieder öffnen, dann die rechte Spitze auf die linke falten und diese Faltung ebenfalls wieder öffnen.

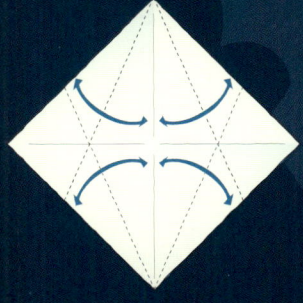

2 Falte dann jede Papierkante zur waagerechten Mittellinie und öffne alle Faltungen wieder.

10 Zum Schluss musst du nur noch die kleinen Spitzen unten an der markierten Linie mit einer Bergfalte nach innen falten.

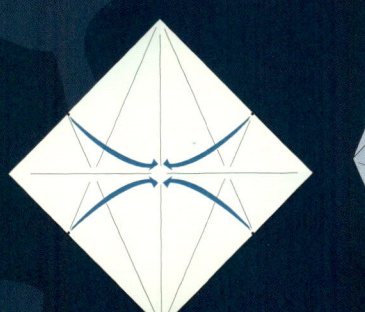

3+4 Wenn du jetzt an den mit einem Punkt markierten Stellen drückst, schiebt sich das Papier zusammen und es entstehen die sogenannten Hasenohren. Streiche die Figur schön glatt. Sie muss jetzt so aussehen.

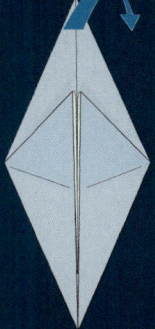

5 Falte nun die obere große Spitze nach hinten. Die kleinen Spitzen bleiben stehen.

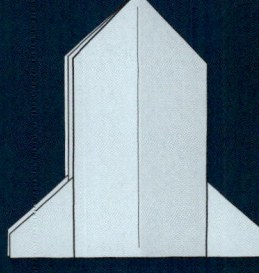

11 Jetzt kann deine Rakete starten!

Weiter geht es auf Seite 20.

6 Lege die Figur wie abgebildet vor dich hin und falte die oberen Spitzen nach links bzw. nach rechts.

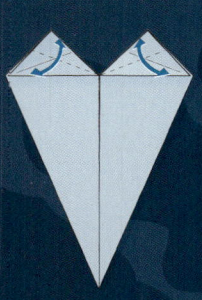

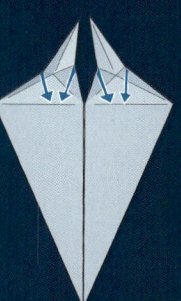

7 Falte die oberen kleinen Spitzen auf die waagerechte Kante. Diese Faltung wieder öffnen.

8 Jetzt faltest du die kleinen Spitzen noch einmal auf die waagerechte Kante. Öffne die Faltungen von Schritt 6 bis 8 wieder.

9 Falte nun aus diesen Spitzen sogenannte Hasenohren. Das funktioniert wie in Schritt 3 auf Seite 19 gezeigt. Drücke dafür jede Spitze von rechts und links zusammen. Falte nun die entstandenen Hasenohren nach rechts bzw. links (siehe nächste Abbildung).

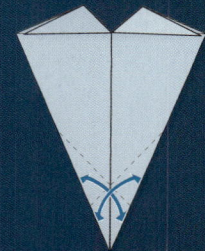

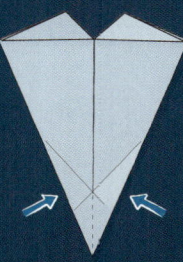

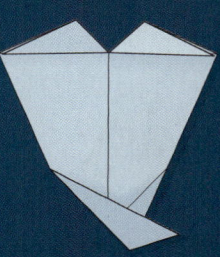

10 Falte nun die unteren Spitzen an den zwei markierten Linien vor.

11 Nun kannst du aus der Spitze (aus beiden Papierlagen) auch ein Hasenohr falten.

12 Wenn deine Figur so aussieht, hast du alles richtig gemacht. Ziehe das Hasenohr hoch und drücke es zur Drachenform flach.

Shuttle

Christian Saile

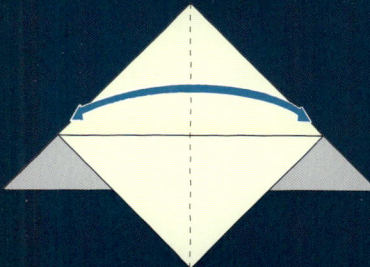

Du brauchst

✓ 2 Duocolor-Papiere in Silber-Gold, 7,5 cm × 7,5 cm

13 Von dieser Drachenform klappst du die obere Lage nach unten und die darunter liegende Spitze faltest du nach hinten und steckst sie in die kleine Tasche.

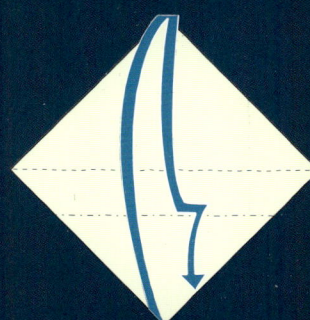

1 Lege das Papier mit der silbernen Seite nach unten vor dich hin und falte zuerst die untere auf die obere Spitze. Danach faltest du die obere Papierlage an der Bergfaltlinie wieder zurück.

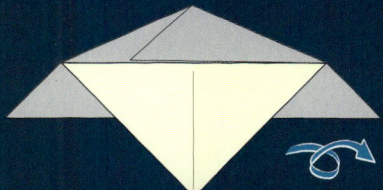

2 Klappe die Figur einmal in der Mitte zusammen und öffne sie wieder.

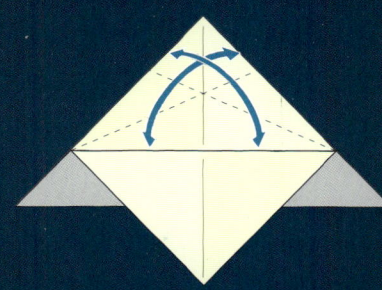

3 Falte nun die rechte und linke obere Papierkante auf die waagerechte Kante, auf die die Pfeile in der Zeichnung zeigen. Öffne die Faltungen wieder und falte aus der oberen Spitze ein Hasenohr (siehe Raumschiff, Schritt 3)

4 So sieht deine Figur jetzt aus. Wende sie nun.

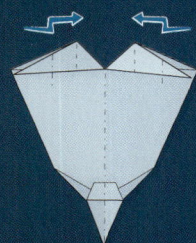

14 Jetzt musst du nur noch die Hasenohren senkrecht aufstellen, die Spitzen von diesen nach rechts bzw. links falten und dein Raumschiff einmal in der Mitte nach hinten falten, damit es mehr Form bekommt. Rechts und links hat dein Raumschiff Taschen, an denen du später deine kleinen Shuttles andocken kannst.

Weiter geht es auf Seite 22.

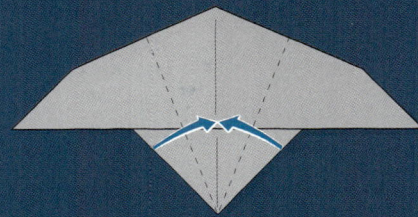

5 Falte die linke und rechte Seite auf die Mittellinie. Achtung: Dabei überlappen sich die beiden Flügel.

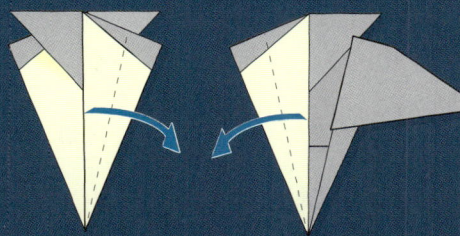

6+7 Nun wird zuerst die rechte und danach die linke Seite an der markierten Linie zurückgefaltet.

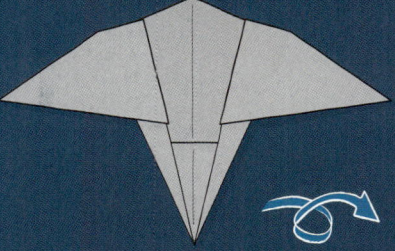

8 Du hast es gleich geschafft; wende nun deine Figur.

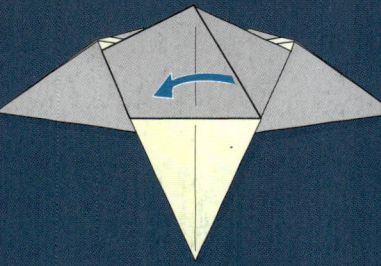

9 Stelle das Hasenohr oben auf – fertig. Bist du bereit für die große Mission ins All?

Mr. Galaxy
Christian Saile

Kopf

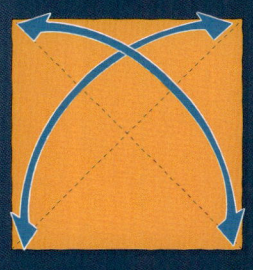

Du brauchst
Für den Kopf:
✓ Faltpapier in Orange, 15 cm x 15 cm
Für den Umhang:
✓ Faltpapier in Braun, 15 cm × 15 cm

1 Lege das orangefarbene Papier wie abgebildet vor dich hin. Falte nun diagonal von links unten nach rechts oben, öffne das Blatt wieder und falte nun von rechts unten nach links oben. Die Faltung wieder öffnen und das Blatt wenden.

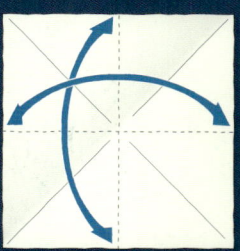

2 Jetzt das Papier waagerecht und senkrecht in der Mitte falten und wieder öffnen.

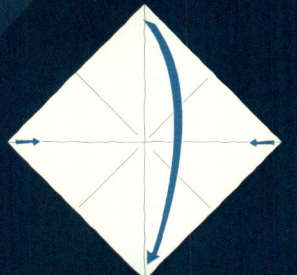 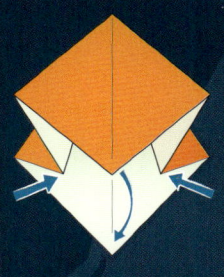  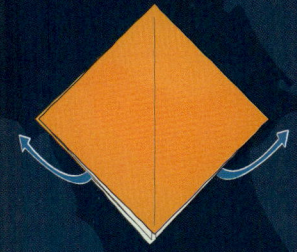

3+4 Lege die seitlichen Spitzen zur unteren Spitze und klappe die obere Spitze nach unten. Streiche alles schön glatt.

5 Vor dir liegt nun ein zusammengeschobenes Quadrat.

6 Ziehe nun rechts und links die innen liegenden Ecken hoch.

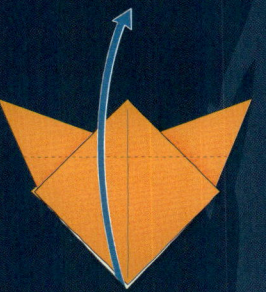  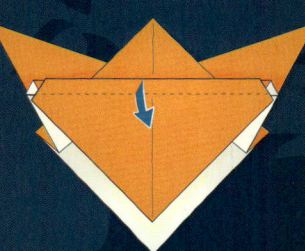 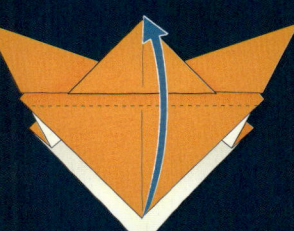

7+8 Nun faltest du die obere Lage der unteren Spitze nach oben und an der markierten Linie wieder zurück.

9 Falte nun an der markierten Linie den Streifen ganz schmal nach unten.

10 Die untere Spitze der oberen Papierlage faltest du wieder nach oben ...

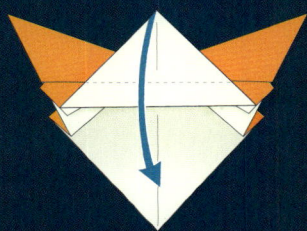 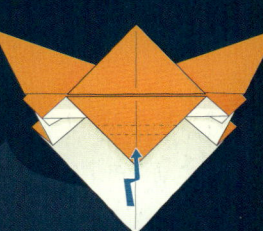 

11 ... und nochmal zurück.

12 Die untere Spitze der oberen Papierlage an der Bergfaltlinie nach hinten und an der gestrichelten Linie nach vorne falten.

13 Nun faltest du die markierten Spitzen nach hinten bzw. nach innen.

Weiter geht es auf Seite 24.

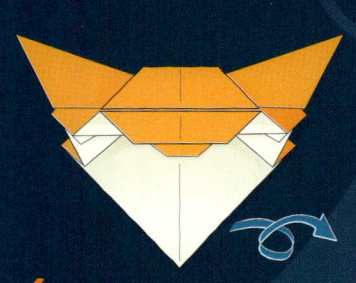

14 Wende nun die Figur.

15 Die rechte und linke Seite schräg zur Mitte falten.

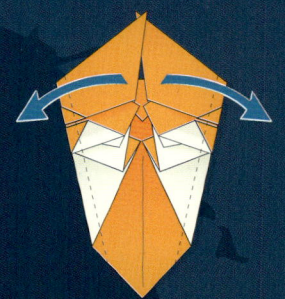

16 Beide Hälften an der jeweiligen Linie jeweils nach außen falten und schön glatt streichen.

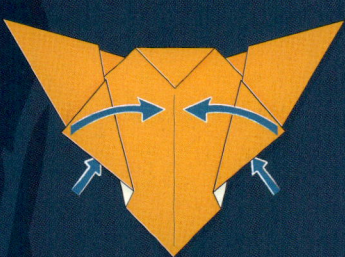

17 Nun fasst du mit dem Finger in die mit dem Pfeil markierten Taschen und ziehst die Ecken zur Mitte. Danach streichst du deine Figur wieder glatt.

18 So muss die Figur nun aussehen. Jetzt faltest du noch die kleinen Ecken nach oben.

19 Wende deine Figur.

20 Drücke nun die kleinen Ecken an den Ohren ein und forme die Augen aus. Das geht gut mit dem Fingernagel. Dabei stellst du einfach die Papierkanten ein wenig auf.

21+22 Schiebe am Schluss, wenn du auch den Umhang gefaltet hast, den Kopf auf den Umhang. Du kannst deine Figur danach aufstellen.

Umhang

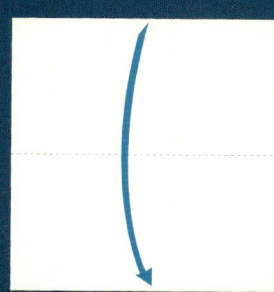

1 Lege dein Papier wie abgebildet vor dich hin und falte das Blatt in der Mitte von oben nach unten.

2 Nun faltest du die kleinen Ecken nach vorne.

3 Unterhalb der kleinen Ecken die Kante an der markierten Linie nach unten falten.

4 Wende nun das Papier.

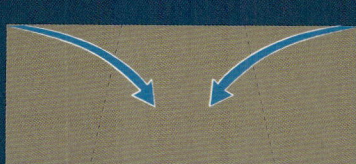

5 Falte die rechte und linke Seite leicht schräg zur Mitte des Papiers.

6 Die überstehenden Ecken faltest du nach innen.

7 Hier schiebst du den Kopf von Mr. Galaxy ein.

Tief unten im Meer

Der Zauberer von Oz

LYMAN FRANK BAUM

Arena

Charles M. Schulz

Das große Peanuts Buch

Rochen
Christian Saile

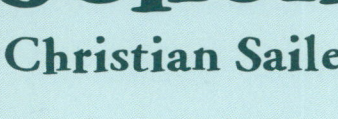

Du brauchst
✓ Faltpapier in Braun, 15 cm × 15 cm

1 Lege das Papier wie abgebildet vor dich hin. Falte nun die obere Spitze auf die untere und öffne die Faltung wieder.

2 Nun faltest du die obere und untere Seite links auf die Mittellinie. So entsteht eine Drachenform.

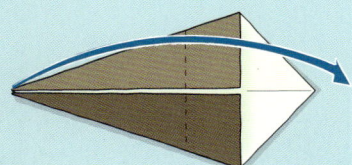

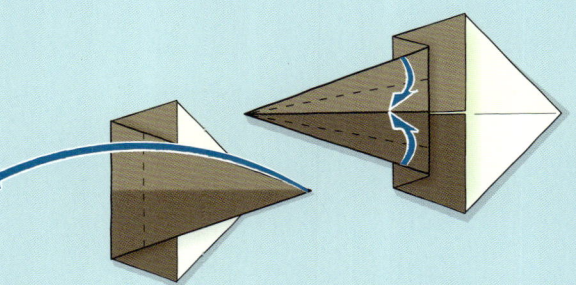

4+5 An der markierten Linie wieder zurückfalten. Die Seiten der linken Spitze jetzt zur Mittellinie falten. Dabei entstehen in der Mitte kleine Dreiecke; diese flach drücken.

3 Nun die linke Spitze an der markierten Linie nach rechts falten.

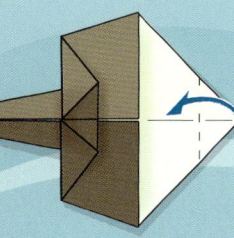

6 Die rechte Spitze an der markierten Linie nach links falten.

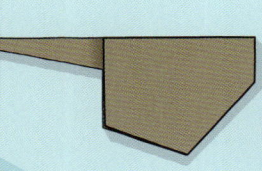

8+9 Die Faltung wieder öffnen und die Figur wenden. Nun den Schwanz links ein wenig zusammendrücken und in Wellenform bringen. Ebenso die Rochenflügel oben und unten ein wenig zur Mittellinie drücken und dadurch „wellen". Fertig!

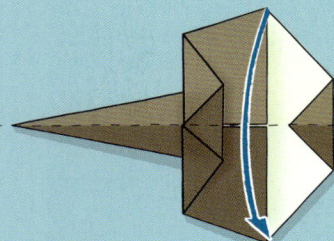

7 Nun die Figur an der Mittellinie zusammenfalten.

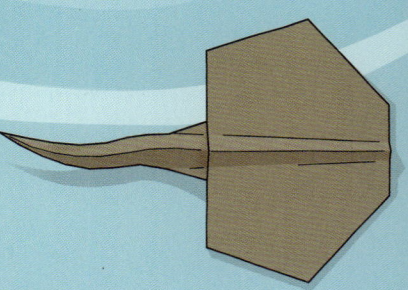

Fisch
Christian Saile

Du brauchst
✓ Faltpapier in Hellblau gemustert, 15 cm × 15 cm

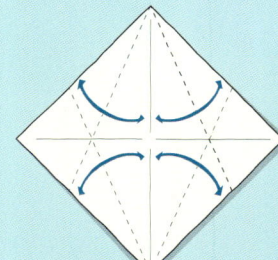

1 Lege das Papier wie abgebildet mit der farbigen Seite nach unten vor dich hin und falte zuerst die obere Spitze auf die untere. Diese Faltung wieder öffnen, dann die rechte Spitze auf die linke falten und diese Faltung ebenfalls wieder öffnen.

2 Falte dann jede Papierkante zur waagerechten Mittellinie und öffne alle Faltungen wieder.

3 Wenn du jetzt an den mit einem Punkt markierten Stellen drückst, schiebt sich das Papier zusammen und es entstehen die sogenannten „Hasenohren". Streiche die Figur schön glatt; sie muss jetzt wie bei Schritt 4 aussehen.

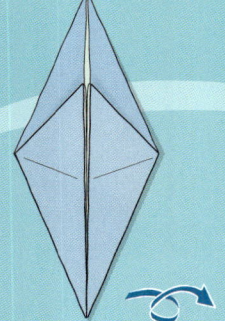

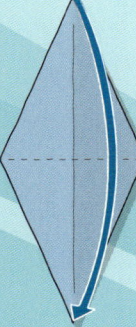

4 Die Figur liegt so vor dir; die kleinen Spitzen zeigen nach oben. Wende die Figur.

5 Klappe nun die obere große und die kleineren darunter liegenden Spitzen nach unten.

6+7 Die kleine Ecke oben links faltest du nun nach links. Klappe dann die Figur zusammen.

Weiter geht es auf Seite 30.

8 An der markierten Linie die Ecken auf der Vorder- und Rückseite nach links unten falten.

9 Die kleine innen liegende Spitze schaut jetzt rechts heraus. Danach die kleinen Ecken auf der Vorder- und Rückseite schräg nach oben falten.

10 Die kleinen Ecken auf der Vorder- und Rückseite nach links falten.

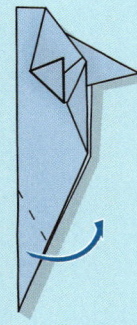

11 Die untere Spitze nach rechts falten

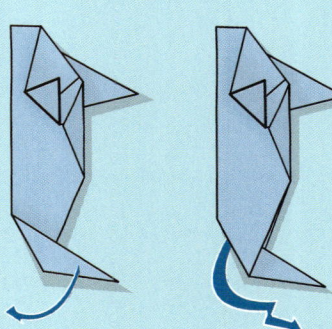

12+13 Die Faltung wieder öffnen und im Gegenknick nach innen legen.

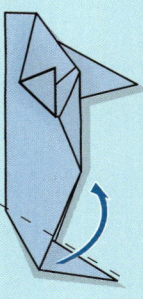

14 Jetzt die Spitze aufklappen.

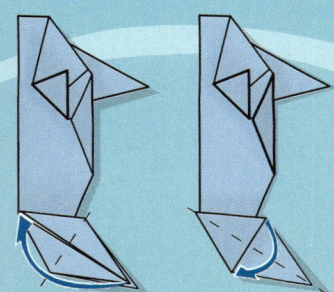

15 Die obere Papierlage schräg nach links oben falten und wieder zusammenklappen.

16 Die kleine innen liegende Spitze links ein wenig herausziehen und den ganzen Fisch noch einmal schön flach drücken.

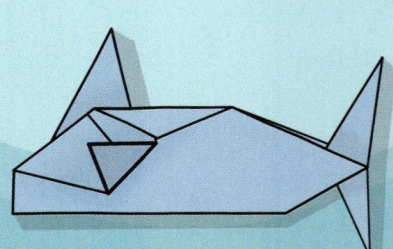

Garnele

Christian Saile

Du brauchst
✓ Faltpapier in Orange, 15 cm x 15 cm

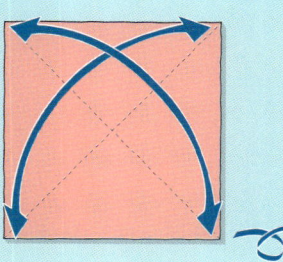

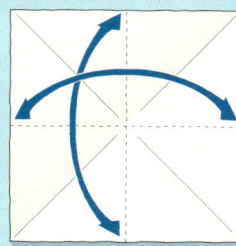

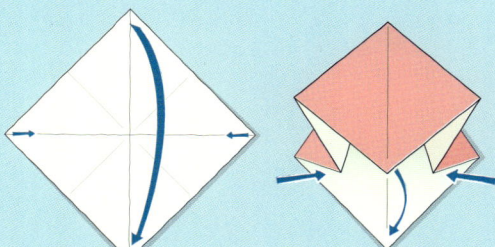

1 Lege das Papier mit der farbigen Seite nach oben vor dich hin. Falte nun diagonal von links unten nach rechts oben, öffne das Blatt wieder und falte nun von rechts unten nach links oben. Die Faltung wieder öffnen und das Blatt wenden.

2 Jetzt das Papier waagerecht und senkrecht in der Mitte falten und wieder öffnen.

3+4 Lege die seitlichen Spitzen zur unteren Spitze und klappe die obere Spitze nach unten. Streiche alles schön glatt.

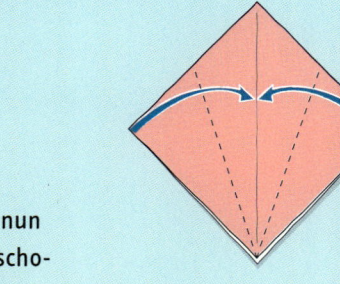

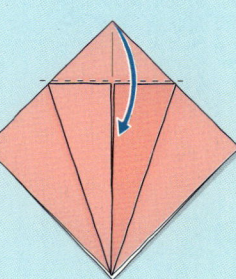

5 Vor dir liegt nun ein zusammengescho- benes Quadrat.

6 Falte die untere rechte und linke Papierkante zur senkrechten Mittellinie, sodass sich beide Kanten dort berühren.

7 Nun faltest du die Spitze oben an der Mar- kierung nach unten.

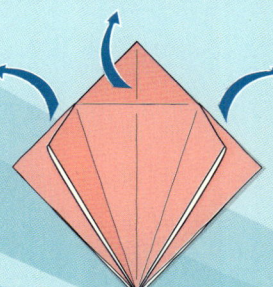

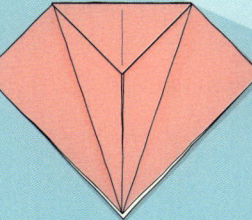

9 Öffne die letzten Faltungen wieder ...

10 ... und klappe auf der offenen Seite die obere Spitze wie abgebildet so weit wie möglich nach oben auf.

8 So sieht deine Figur jetzt aus.

Weiter geht es auf Seite 32.

11 Die darunter liegende Spitze bleibt unten und die Seitenkanten werden nun nach innen auf die senkrechte Mittellinie gedrückt.

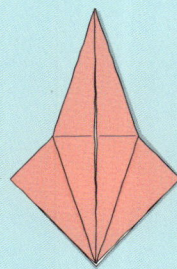

12 Streiche die Papierkanten glatt, damit deine Faltarbeit wie hier abgebildet aussieht. Drehe sie nun um und wiederhole die Schritte 6–12 auf der Rückseite.

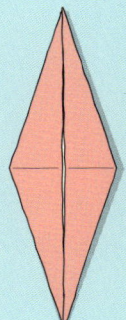

13 Jetzt sieht deine Figur so aus. Diese Form wird auch „Vogelgrundform" genannt.

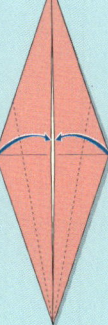

14 Falte nun die unteren seitlichen Kanten zur Mittellinie.

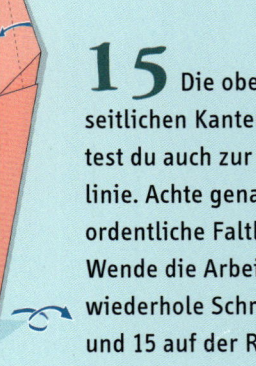

15 Die oberen seitlichen Kanten faltest du auch zur Mittellinie. Achte genau auf ordentliche Faltlinien. Wende die Arbeit und wiederhole Schritt 14 und 15 auf der Rückseite.

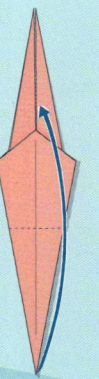

16 Lege nun die rechte obere Lage der Figur nach links, wende die Figur und lege auch hier die rechte obere Lage wieder nach links.

17 Falte von der unteren Spitze die obere Lage nach oben.

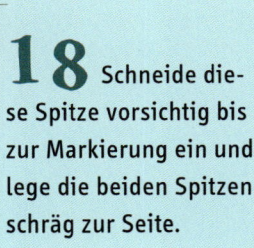

18 Schneide diese Spitze vorsichtig bis zur Markierung ein und lege die beiden Spitzen schräg zur Seite.

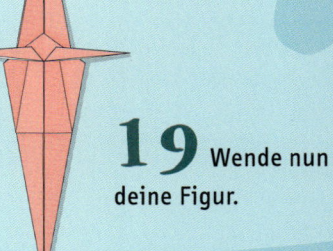

19 Wende nun deine Figur.

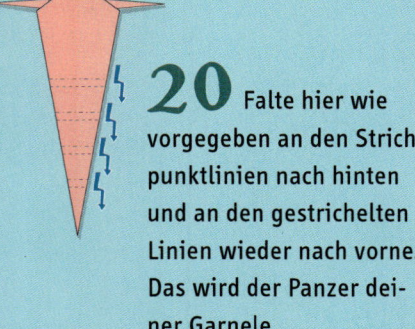

20 Falte hier wie vorgegeben an den Strichpunktlinien nach hinten und an den gestrichelten Linien wieder nach vorne. Das wird der Panzer deiner Garnele.

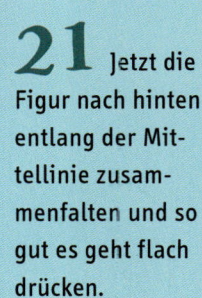

21 Jetzt die Figur nach hinten entlang der Mittellinie zusammenfalten und so gut es geht flach drücken.

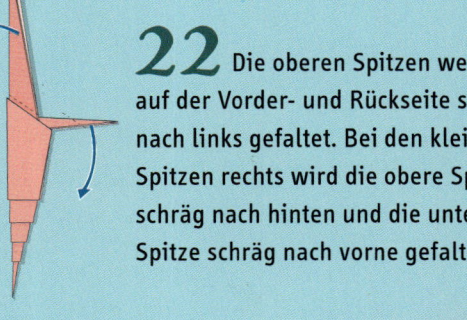

22 Die oberen Spitzen werden auf der Vorder- und Rückseite schräg nach links gefaltet. Bei den kleinen Spitzen rechts wird die obere Spitze schräg nach hinten und die untere Spitze schräg nach vorne gefaltet.

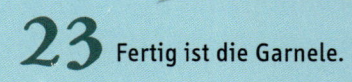

23 Fertig ist die Garnele.

Aquarium

1 Stelle den Schuhkarton seitlich auf der langen Seite auf. Die Öffnung ist jetzt vorne.

2 Bohre in die obere Seite mit einer Stopfnadel ein paar kleine Löcher. Hier werden die Fäden, an denen später die Fische hängen, durchgezogen.

3 Die Rückseite des Kartons bemalst du mit einer Unterwasserlandschaft oder du beklebst sie mit einem passenden Bild aus einer Zeitschrift.

4 Auf den Boden des Aquariums klebst du den bemalten Karton. Dann schneidest du die Wasserpflanzen aus Fotokarton zu und klebst sie auf den Boden. Wenn du Kies nehmen möchtest, musst du erst die Pflanzen aufkleben, dann den Boden rundherum dick mit Bastelleim einstreichen und den Kies darauf streuen.

5 Lege nun ein paar Muscheln, Steine oder eine kleine Wurzel dazu.

6 Auf den Boden setzt du nun den Rochen und die Garnele (z. B. auf einen Stein). Die gefalteten Fische befestigst du jeweils an einer dünnen Nylonschnur.

7 Ziehe jede Schnur durch ein Loch in den Aquariumdeckel und befestige sie von außen mit einem kleinen Stück Klebestreifen. Achte darauf, dass die Fische in unterschiedlicher Höhe „schwimmen". Das sieht dann natürlicher aus.

8 Wenn du jetzt ganz sachte in das Aquarium pustest, bewegen sich deine Fische und es sieht aus, als würden sie schwimmen.

Seepferdchen
Christian Saile

Du brauchst
✓ Faltpapier in Gelb gemustert, 15 cm × 15 cm oder größer

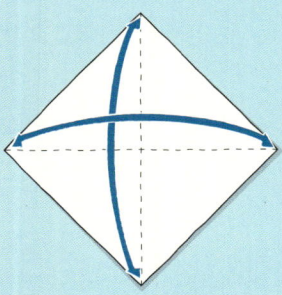

1 Lege das Papier wie abgebildet mit der farbigen Seite nach unten vor dich hin und falte zuerst die obere Spitze auf die untere. Diese Faltung wieder öffnen, dann die rechte Spitze auf die linke falten und diese Faltung ebenfalls wieder öffnen.

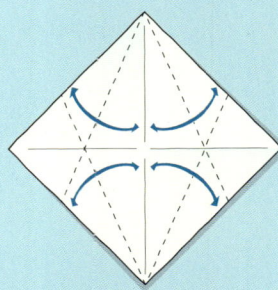

2 Falte dann jede Papierkante zur waagerechten Mittellinie und öffne alle Faltungen wieder.

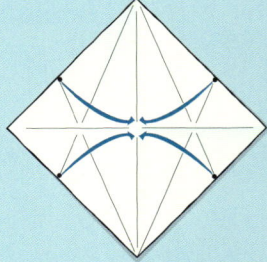

3 Wenn du jetzt an den mit einem Punkt markierten Stellen drückst, schiebt sich das Papier zusammen und es entstehen die sogenannten „Hasenohren". Streiche die Figur schön glatt; sie muss jetzt wie in Schritt 4 aussehen.

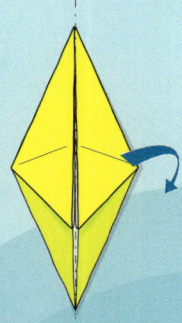

4 Die kleinen Flügel zeigen jetzt nach unten. Klappe die Figur an der Mittellinie nach hinten zusammen.

5 Die kleinen Flügel auf der Vorder- und Rückseite nach rechts auf die leicht sichtbare Faltlinie falten.

6 Die obere Spitze vorfalten und danach im Gegenknick nach außen stülpen.

7 Die obere Spitze nun an der senkrechten Kante nach links vorfalten und nochmals nach außen stülpen.

8 Die linke kleine Spitze nun nach rechts falten …

9 … und an der markierten Linie wieder nach links falten.

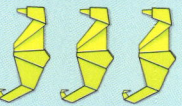

11 Die übrig gebliebene Spitze nach innen falten.

12 Jetzt die Spitze unten nach links vorfalten und im Gegenknick nach innen legen.

10 Nun die Faltungen von Schritt 8 und 9 wieder öffnen und die Spitze am ersten Knick nach innen und am zweiten Knick wieder nach außen, also im Zickzack, falten.

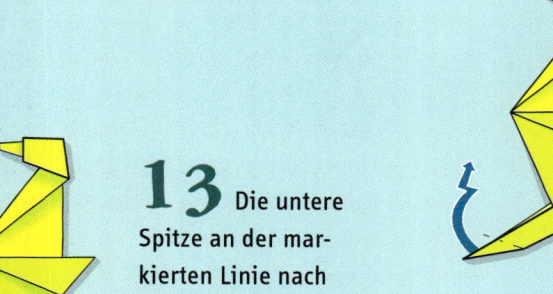

14 Nun die kleine Spitze unten vorfalten und schräg im Gegenknick nach innen legen.

15 Danach noch die ganz kleine Spitze nach rechts stülpen.

13 Die untere Spitze an der markierten Linie nach außen gestülpt.

17 Falte die Spitzen an den kleinen Flügeln auf Vorder- und Rückseite nach innen. Fertig!

16 Nun die Ecken auf der Vorder- und Rückseite nach innen falten.

Delfin
Christian Saile

Du brauchst
✓ Faltpapier in Silber oder Grau, 15 cm x 15 cm

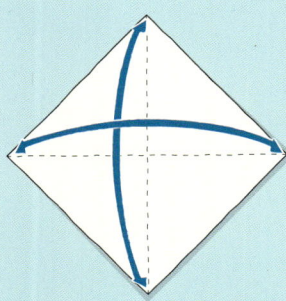

1 Lege das Papier wie abgebildet vor dich hin und falte zuerst die obere Spitze auf die untere. Diese Faltung wieder öffnen, dann die rechte Spitze auf die linke falten und diese Faltung ebenfalls wieder öffnen.

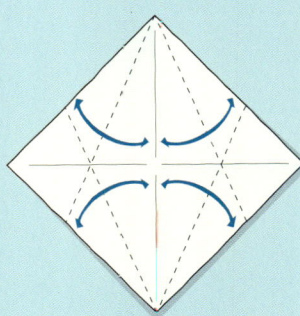

2 Falte dann jede Papierkante zur waagerechten Mittellinie und öffne alle Faltungen wieder.

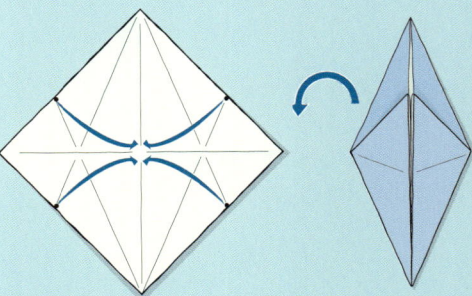

3 Wenn du jetzt an den mit einem Punkt markierten Stellen drückst, schiebt sich das Papier zusammen und es entstehen die sogenannten „Hasenohren". Streiche die Figur schön glatt; sie muss jetzt so aussehen. Drehe sie um 90 Grad nach links.

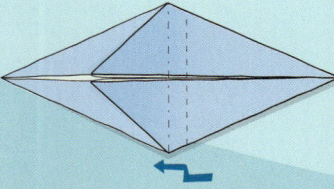

4 Falte die Figur an der markierten Strichpunktlinie nach hinten und an der gestrichelten Linie wieder nach rechts. Die Faltung liegt jetzt im Zickzack.

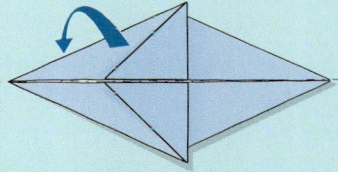

5 Klappe die Figur nun an der Mittellinie nach hinten zusammen ...

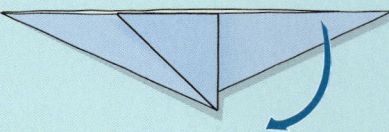

6 ... und ziehe die rechte Spitze etwas nach unten. Streiche die Figur schön glatt.

7 Falte die kleinen Flügel auf der Vorder- und Rückseite an der markierten Linie schräg nach unten.

8 Danach faltest du die Spitzen der kleinen Ecken wieder ein Stück nach oben.

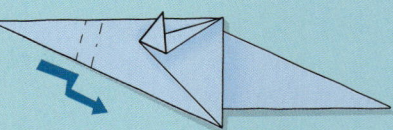

9 Nun an der linken Spitze beide Faltlinien vorfalten, die Faltungen öffnen und dann an der ersten Linie im Gegenknick erst nach innen und an der zweiten Linie nach außen falten.

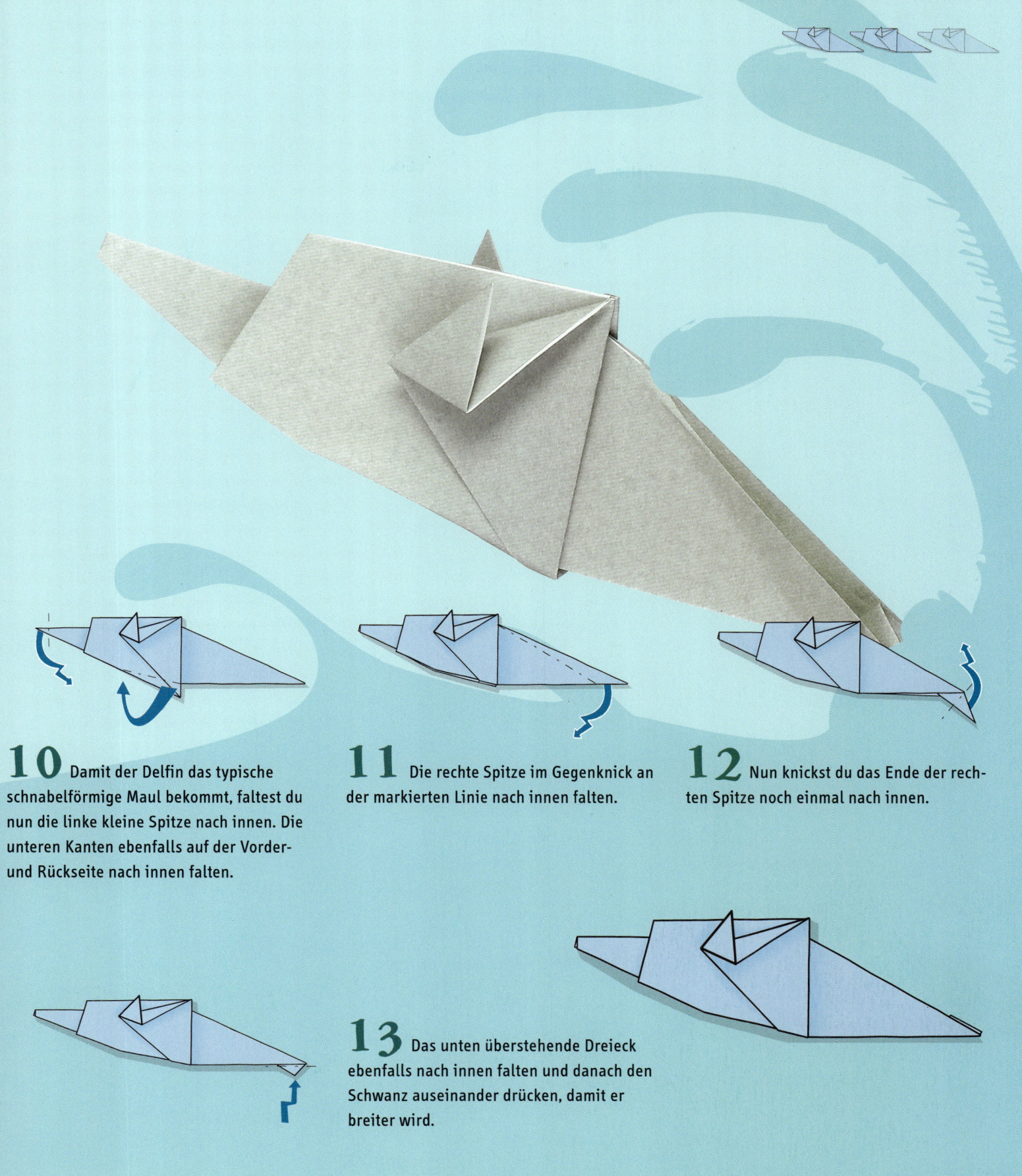

10 Damit der Delfin das typische schnabelförmige Maul bekommt, faltest du nun die linke kleine Spitze nach innen. Die unteren Kanten ebenfalls auf der Vorder- und Rückseite nach innen falten.

11 Die rechte Spitze im Gegenknick an der markierten Linie nach innen falten.

12 Nun knickst du das Ende der rechten Spitze noch einmal nach innen.

13 Das unten überstehende Dreieck ebenfalls nach innen falten und danach den Schwanz auseinander drücken, damit er breiter wird.

Wer versteckt sich im Wald?

Tannenbäumchen

Traditionell

Du brauchst
✓ Faltpapier in Grüntönen, 20 cm x 20 cm, 15 cm x 15 cm und 10 cm x 10 cm

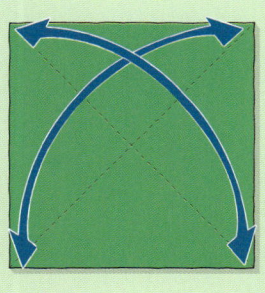

1 Lege das Papier wie abgebildet vor dich hin. Falte nun diagonal von links unten nach rechts oben, öffne das Blatt wieder und falte nun von rechts unten nach links oben. Die Faltung wieder öffnen und das Blatt wenden.

2 Jetzt das Papier waagerecht und senkrecht in der Mitte falten und wieder öffnen.

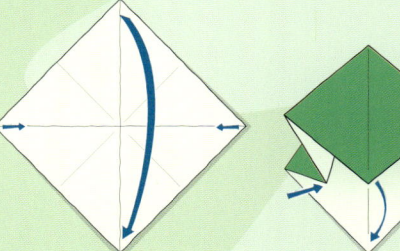

3+4 Lege die seitlichen Spitzen zur unteren Spitze und klappe die obere Spitze nach unten. Streiche alles schön glatt.

5 Vor dir liegt nun ein zusammengeschobenes Quadrat.

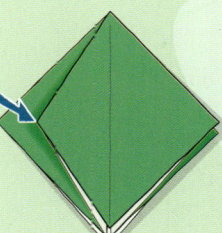

6 Klappe das vordere linke Dreieck nun nach oben und drücke die mit einem Pfeil markierte Spitze leicht nach innen. Dadurch öffnet sich die Papierlage etwas.

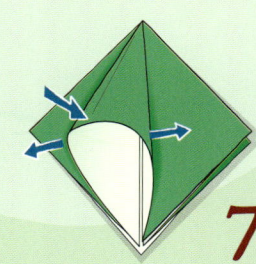

7 Drücke die Spitze nun weiter nach innen, sodass die beiden Mittellinien genau aufeinanderliegen.

8 Eine Art Drachenfigur ist entstanden.

9 Streiche die Kanten rechts und links glatt.

10 Nun klappst du die vordere linke Hälfte der Drachenfigur nach rechts um und klappst das rechte untere Dreieck nach links um. Wiederhole die Faltschritte 6–10 auf allen Seiten.

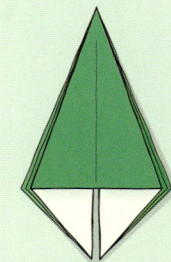

11 So sieht deine Figur jetzt aus. Falte nun die linke Seite des Drachens auf die rechte.

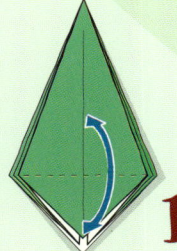

12 Dann faltest du die untere Spitze nach oben und wieder zurück.

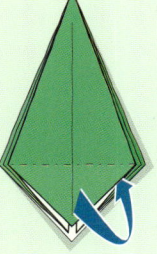

13 Lege die Spitze an der Faltkante nach innen

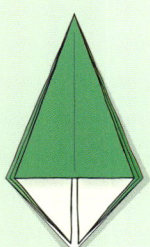

14 Wiederhole die Faltschritte 12 und 13 an allen anderen Seiten.

15 Nun kannst du dein Bäumchen aufstellen. Für einen Wald solltest du unterschiedlich große Papiere verwenden.

Gucklochkasten

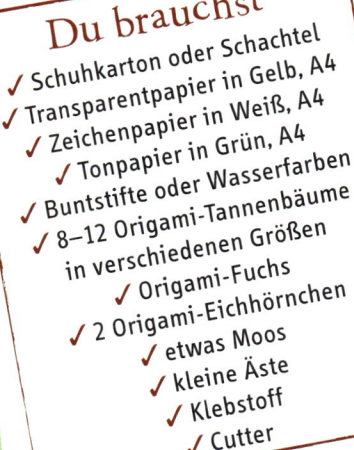

Du brauchst
- ✓ Schuhkarton oder Schachtel
- ✓ Transparentpapier in Gelb, A4
- ✓ Zeichenpapier in Weiß, A4
- ✓ Tonpapier in Grün, A4
- ✓ Buntstifte oder Wasserfarben
- ✓ 8–12 Origami-Tannenbäume in verschiedenen Größen
- ✓ Origami-Fuchs
- ✓ 2 Origami-Eichhörnchen
- ✓ etwas Moos
- ✓ kleine Äste
- ✓ Klebstoff
- ✓ Cutter

1 Falte zuerst deine Origami-Figuren. Dann misst du bei deinem Schuhkartondeckel vom Rand jeweils 2 cm ab und schneidest das entstandene Rechteck mit dem Cutter aus. Hinterklebe das Loch mit dem gelben Transparentpapier.

2 Schneide nun ein rundes oder rechteckiges Guckloch in eine schmale Seite der Schuhkarton-schachtel. Dann schneidest du das grüne Papier passend zu und klebst es auf den Boden der Schachtel. Das weiße Papier schneidest du in Strei-fen, die so breit sind, wie die Schachtel hoch ist. Diese bemalst du mit einer hübschen Waldland-schaft. Die Seite mit dem Guckloch kannst du aus-lassen.

3 Jetzt klebst du nacheinander die Tannenbäu-me in den Karton. Danach klebst du die Tiere fest. Schau am besten immer vorher durch das Guck-loch, wo sie am besten stehen sollten. Zwischen die Bäume kannst du noch ein wenig Moos und kleine Äste kleben.

4 Lege den Deckel mit dem Transparentpapier auf die Schachtel und halte die Schachtel unter ein Licht. Schau nun durch das Guckloch – sieht das nicht aus wie ein echter Wald, wo ein Fuchs auf der Lauer liegt?

Eichhörnchen
Christian Saile

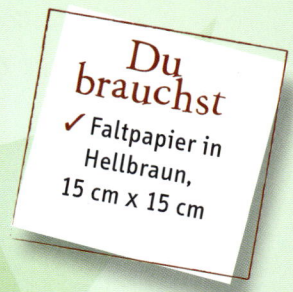

Du brauchst
✓ Faltpapier in Hellbraun, 15 cm x 15 cm

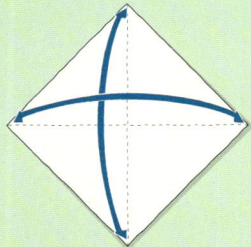

1 Lege das Papier wie abgebildet vor dich hin und falte zuerst die obere Spitze auf die untere. Diese Faltung wieder öffnen, dann die rechte Spitze auf die linke falten und diese Faltung ebenfalls wieder öffnen.

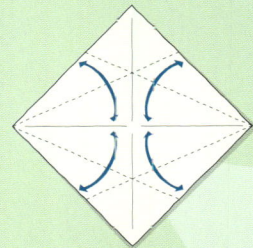

2 Falte dann jede Papierkante zur waagerechten Mittellinie und öffne alle Faltungen wieder.

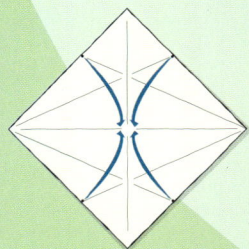

3 Wenn du jetzt an den mit einem Punkt markierten Stellen drückst, schiebt sich das Papier zusammen und es entstehen die sogenannten „Hasenohren". Streiche die Figur schön glatt; sie muss jetzt wie in Faltschnitt 4 aussehen.

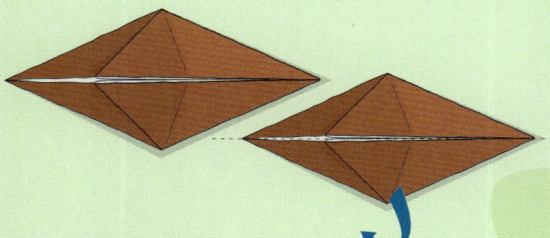

4+5 Die kleinen Spitzen zeigen nun nach links. Klappe deine Figur mittig nach hinten zusammen.

6 Falte die rechte Spitze nach oben vor und lege sie dann im Gegenknick nach innen. Lege danach die kleinen Flügel auf der Vorder- und Rückseite nach rechts.

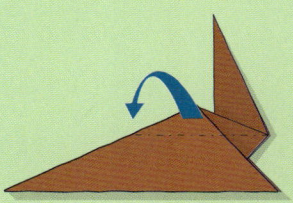

7 Falte die markierte Ecke nach innen und wiederhole dies auf der Rückseite.

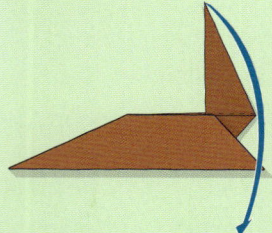

8 Nun faltest du die obere Spitze senkrecht nach unten ...

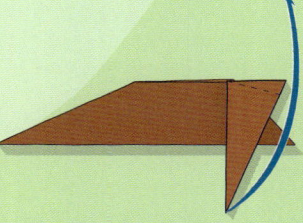

9 ... und an der nächsten Markierung wieder schräg nach oben.

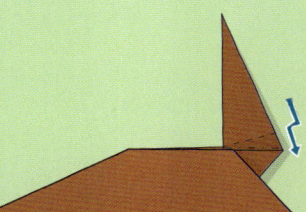

10 Öffne die letzten zwei Faltungen wieder und lege diese Spitze am unteren Knick nach innen und am oberen Knick als Knitterfalte wieder nach oben.

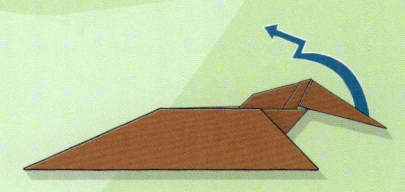

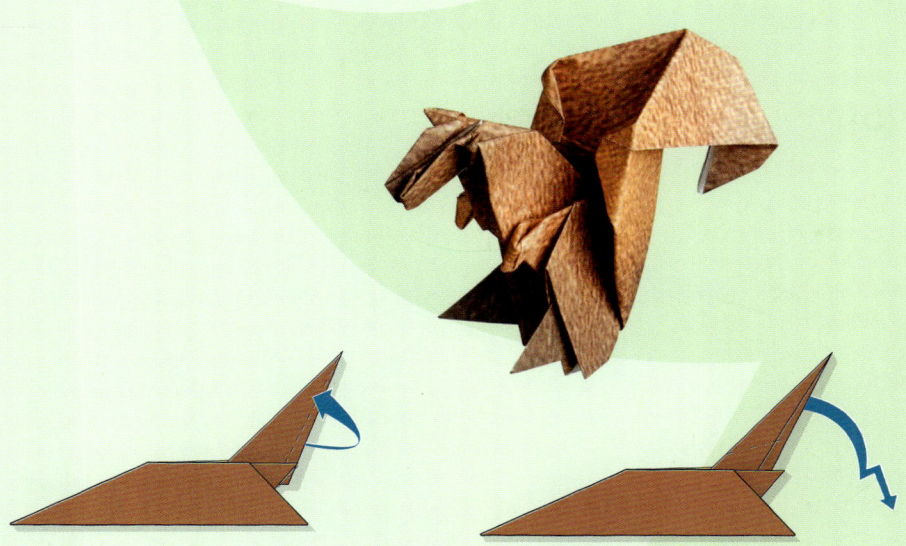

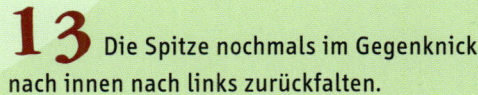

11 Nun werden die schmalen Seiten auf Vorder- und Rückseite nach links gefaltet. Dabei legt sich die kleine Ecke als Bergfalte nach innen.

12 Die obere Spitze nun vorfalten und im Gegenknick nach innen legen.

13 Die Spitze nochmals im Gegenknick nach innen nach links zurückfalten.

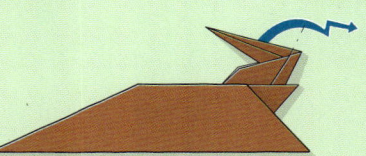

14 Ein kleines Stück der Spitze stehen lassen und abermals im Gegenknick zurückfalten.

15 Nun faltest du die kleine Spitze nach innen und streichst alles schön glatt.

16 Die unteren rechten Spitzen faltest du schräg auf der Vorder- und Rückseite nach links.

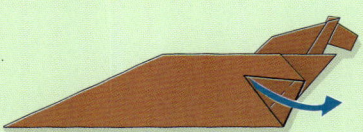

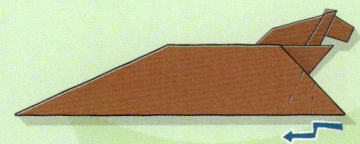

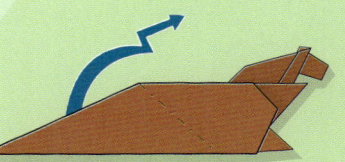

17 Falte diese Spitzen wieder ein Stück zurück und öffne die beiden letzten Faltungen wieder.

18 Lege die Spitzen an der Strichpunktlinie nach innen und an der Strichlinie wieder nach rechts zurück.

19 Falte nun die linke Spitze senkrecht nach oben vor und lege sie dann im Gegenknick nach innen.

Weiter geht es auf Seite 44.

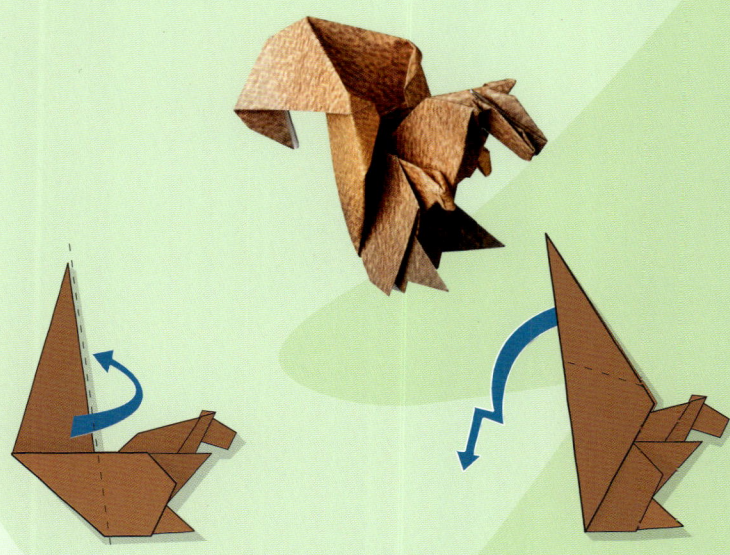

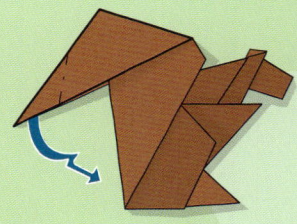

20 Die linken Seiten auf der Vorder- und Rückseite nach rechts klappen.

21 Die obere Schwanzspitze wieder an der Markierung vorfalten und im Gegenknick nach außen stülpen.

22 Die Schwanzspitze nochmals vorfalten und im Gegenknick nach innen legen.

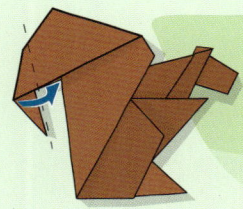

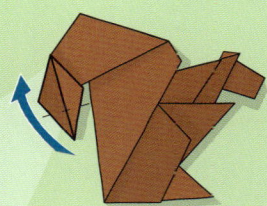

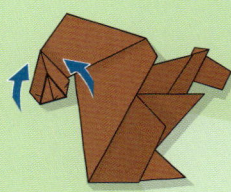

23 Klappe jetzt die Schwanzspitze zur Drachenform auf …

24 … und falte die kleine Schwanzspitze nach oben.

25 Nun die kleinen Ecken am Schwanz zur Mitte falten.

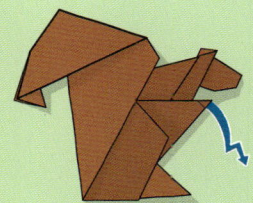

26 Klappe die Schwanzspitze wieder zu und falte an der Nase an der Markierung vor. Drücke die kleine Ecke nach innen.

27 Falte nun die kleinen Spitzen der Vorderpfötchen vor und stülpe sie im Gegenknick nach außen. Damit es leichter geht, musst du die Spitzen etwas öffnen.

28 Fertig! Und? Hast du jetzt eine Nuss für dein Eichhörnchen?

Fuchs

Christian Saile

Du brauchst
✓ Duocolorpapier in Braun-Weiß, 15 cm × 15 cm

1 Lege das Papier mit der farbigen Seite nach unten vor dich hin und falte die untere Ecke auf die obere.

2 Jetzt faltest du die linke auf die rechte Spitze und öffnest die Faltung wieder.

3 Falte von der oberen Spitze die obere Papierlage so nach unten, dass die Spitze die untere Kante berührt.

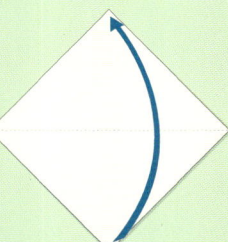

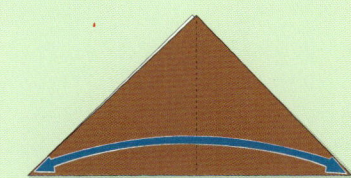

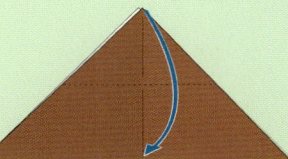

4 Falte die obere Spitze der unteren Papierlage ein kleines Stück nach unten.

5 Nun die rechte und linke Spitze nach oben falten, bis sie sich an der Mittelkante berühren. Danach drehst du die Figur um 45 Grad nach rechts.

6 So sieht deine Figur nun aus. Wende sie ...

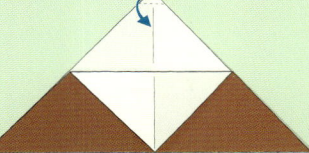

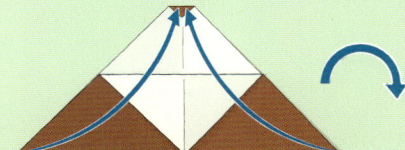

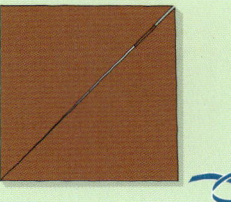

7 ... und lege sie wie abgebildet vor dich hin. Falte nun die linke obere Ecke auf die rechte untere.

8 Die obere Lage der rechten Seite an der markierten Linie nach links und die nun sichtbare mittlere obere Spitze nach unten falten (siehe Faltschritt 9).

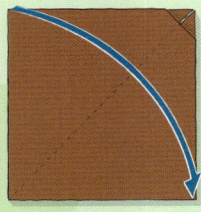

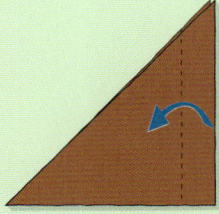

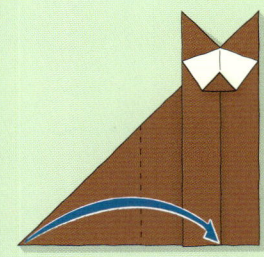

9 Falte die linke Ecke nun nach rechts.

10 Jetzt musst du nur noch die kleine Schwanzspitze nach links falten und schon ist dein Fuchs fertig und kann stehen.

Gruselzeit

Gruselkürbis
Traditionell

Du brauchst
- ✓ Faltpapier in Orange, 15 cm x 15 cm oder größer
- ✓ Papierrest in Braun
- ✓ Filzstift in Schwarz

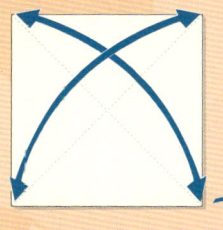

1 Lege das Papier wie abgebildet vor dich hin und falte die linke obere Spitze auf die rechte untere. Öffne die Faltung wieder. Wiederhole dies bei den anderen beiden Spitzen und wende das Papier.

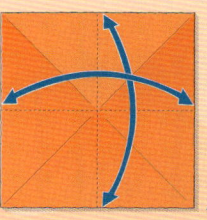

2 Falte die untere Kante auf die obere, öffne die Faltung wieder und falte die linke auf die rechte Kante. Öffne auch diese Faltung wieder. Wende das Papier.

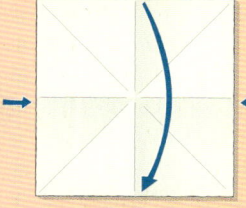

3 Drücke nun die beiden mit einem Pfeil markierten Punkte an den Seiten nach oben. Dabei klappt die obere Papierkante automatisch auf die untere.

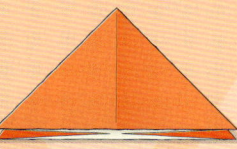

4 So sieht deine Figur jetzt aus.

5 Falte nun von der oberen Lage die rechte und linke Ecke zur oberen Spitze und wiederhole dies auf der Rückseite.

6 Jetzt faltest du die rechte und linke Spitze der oberen Lage zur Mittelkante und wiederholst dies auf der Rückseite.

7–9 Klappe nun die obere Lage der kleinen Ecken nach unten und schiebe danach jede Ecke in eine kleine Tasche. Wiederhole dies mit den kleinen Ecken auf der Rückseite. Dann drehst du deine Figur um 180 Grad, damit die kleine Öffnung nach oben zeigt.

Gespenst
Traditionell

Du brauchst
✓ Faltpapier in Weiß, 15 cm x 15 cm

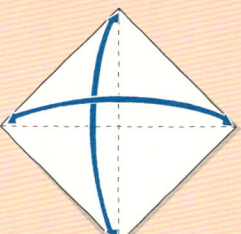

1 Lege das Papier wie abgebildet vor dich hin und falte zuerst die obere Spitze auf die untere. Diese Faltung wieder öffnen, dann die rechte Spitze auf die linke falten und diese Faltung ebenfalls wieder öffnen.

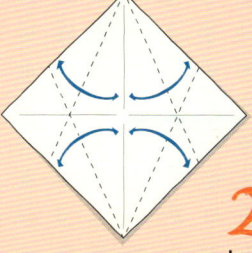

2 Falte dann jede Papierkante zur waagerechten Mittellinie und öffne alle Faltungen wieder.

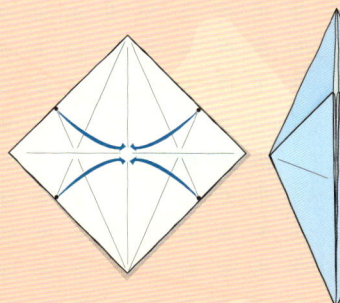

3+4 Wenn du jetzt an den mit einem Punkt markierten Stellen drückst, schiebt sich das Papier zusammen und es entstehen die sogenannten „Hasenohren". Streiche die Figur schön glatt; sie muss jetzt so aussehen. Die kleinen Spitzen zeigen nach oben.

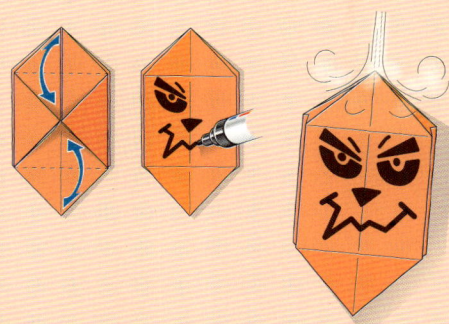

10-12 Die obere Spitze faltest du einmal vor und zurück. Wiederhole das mit der unteren Spitze. Bevor du deinen Kürbis komplett aufpustest, male ihm noch ein gruseliges Gesicht auf eine glatte Seite.

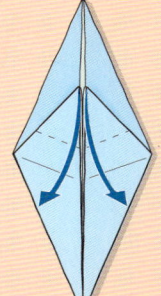

5 Falte die Spitzen an der Markierung schräg nach unten.

13+14 Zum Schluss nimmst du ein kleines Stück braunes Papier und rollst es zu einem Stängel. Verdrehe den Stängel ein wenig und stecke ihn oben in den Kürbis.

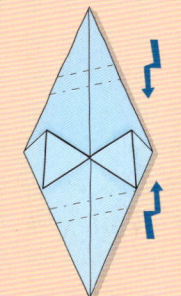

6 Führe nun Berg- und Talfaltungen schräg an den markierten Linien der oberen und unteren Spitze aus.

7 Male ein gruseliges oder freundliches Gesicht auf dein Gespenst. Fertig!

Spinne
Christian Saile

Du
brauchst
Körper
✓ 2 Faltpapiere
in Schwarz,
15 cm x 15 cm

Körper

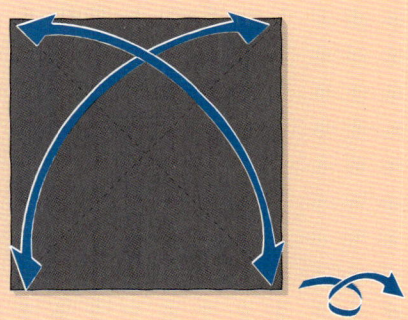

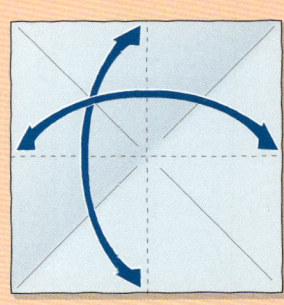

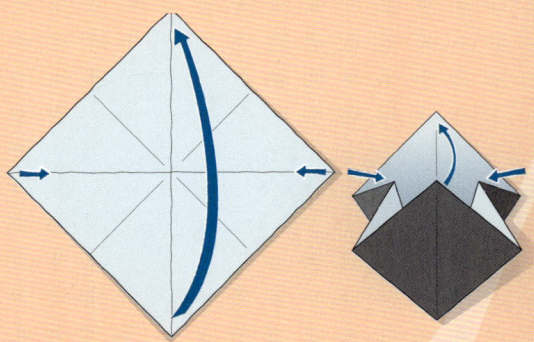

1 Falte diagonal von links unten nach rechts oben, öffne das Blatt wieder und falte nun von rechts unten nach links oben. Die Faltung wieder öffnen und das Blatt wenden.

2 Jetzt das Papier waagerecht und senkrecht in der Mitte falten und wieder öffnen.

3+4 Lege die seitlichen Spitzen zur oberen Spitze und klappe die untere Spitze nach oben. Streiche alles schön glatt. Lege die Faltarbeit danach so vor dich hin, dass die offene Seite nach oben zeigt.

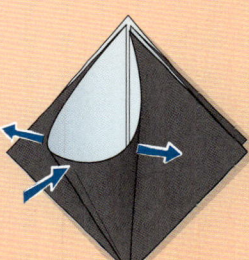

5 Klappe das vordere linke Dreieck nun nach oben und drücke die mit einem Pfeil markierte Spitze leicht nach innen. Dadurch öffnet sich die Papierlage etwas.

6+7 Drücke die Spitze nun weiter nach innen, sodass die beiden Mittellinien genau aufeinander liegen. Eine Art Drachenfigur ist nun entstanden.

8 Streiche die Kanten rechts und links glatt.

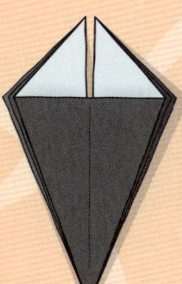

9 Nun klappst du die vordere linke Hälfte der Drachenfigur nach rechts um, ...

10 ... faltest von rechts hinten ein weiteres Dreieck nach links und wiederholst die Schritte 5–9 an den restlichen Dreiecken.

11 So sieht deine Faltarbeit nun aus.

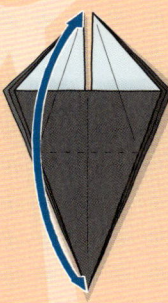

12 Lege die Figur wie abgebildet vor dich hin. Jetzt die linke und rechte obere Kante der Drachenfigur auf die senkrechte Mittellinie falten und wieder öffnen.

13 Die untere Spitze an der gestrichelten Linie nach oben und wieder zurückfalten.

14 Öffne die Drachenfigur wieder etwas an der mit dem Pfeil markierten Stelle, ...

15 ... und drücke die Ecken der Drachenfigur nach innen zur Mittellinie, sodass sich die Papierkanten dort berühren.

16 Falte das kleine Dreieck nun an der waagerechten Mittellinie nach oben.

17 So sieht deine Figur nun aus.

Weiter geht es auf Seite 52.

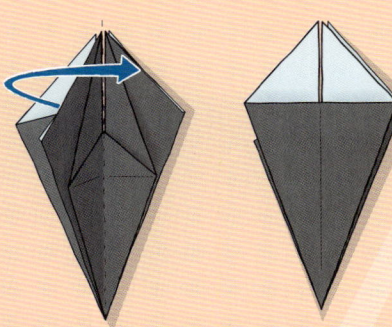

18+19
Jetzt klappst du den kleinen linken Flügel samt der darunter liegenden Papierlage nach rechts und wiederholst die Schritte 12–16 auch für die anderen Drachenfiguren.

20
Drehe die Figur um 180 Grad, die offenen Spitzen zeigen nun nach unten.

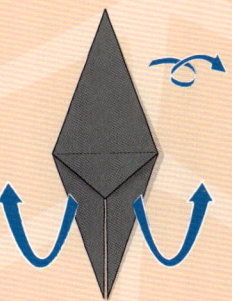

21
Am unteren Ende der Figur liegen nun je zwei Spitzen übereinander. Ziehe die oberen Spitzen nach oben und drücke sie flach. Wende die Figur.

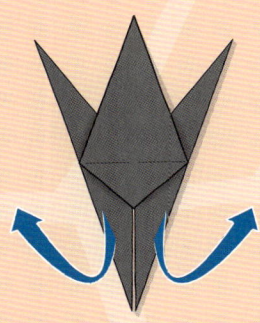

22
Ziehe die beiden anderen Spitzen schräg zur Seite.

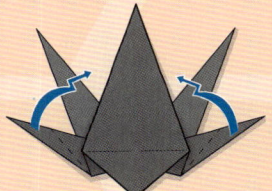

23
Nun faltest du die Spitzen links und rechts an der Markierung und stülpst sie nach außen.

24
So sieht deine Figur nun aus; wende sie.

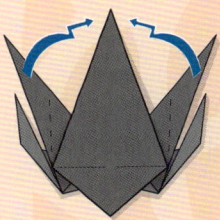

25
Nun an den beiden anderen Spitzen an der Markierung vorfalten und die Spitze ebenso nach außen stülpen.

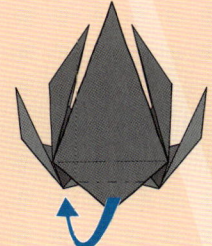

26
Die obere Lage der unteren Spitze faltest du nun nach innen.

27
Lege die obere linke Seite nach rechts.

28
Hier wird nun die obere Lage der unteren Spitze nach oben gefaltet.

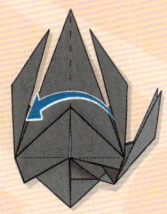

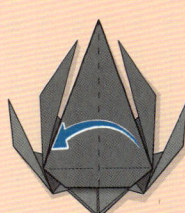

Kopf

29 Falte die rechte Seite wieder zurück nach links.

30 Nun nochmals eine rechte Seite nach links legen.

1 Falte den Kopf der Spinne genauso wie den Körper bis Faltschritt 20 und lege die Figur mit den offenen Spitzen nach oben vor dich hin.

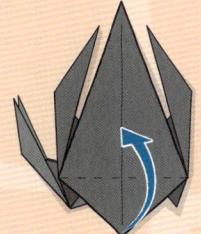

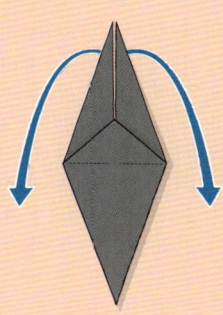

Mein Tipp

Lust auf einen Scherz? Falte die Spinne in etwas kleinerem Papier, setze sie auf das Treppengeländer oder den Fußboden. Wetten, du hörst Schreie, wenn jemand die Spinne sieht?

31 Jetzt kannst du auch hier die untere Spitze nach oben falten.

2 Nun biegst du die beiden oberen Spitzen nach unten, bis sie fast waagerecht liegen.

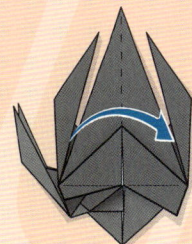

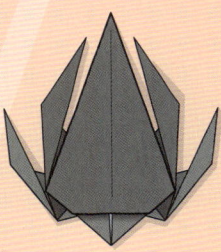

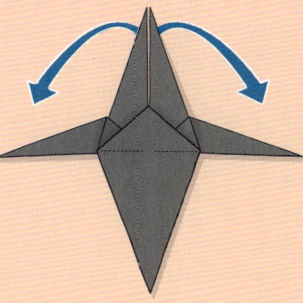

32 Falte die linke Seite wieder zurück nach rechts.

33 Dein Spinnenkörper ist nun fertig. In die Öffnung unten wird später der Kopf eingeschoben.

3 Dann ziehst du auch die darunter liegenden Spitzen nach unten.

Weiter geht es auf Seite 54.

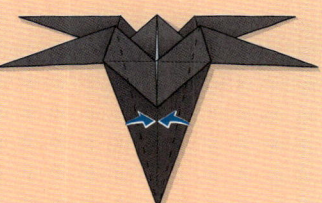

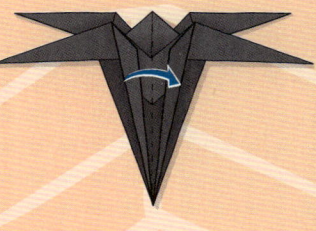

4 Falte von der oberen Spitze die obere Lage an der markierten Linie nach unten.

5 Jetzt die linke und rechte Seite der oberen Lage so weit wie möglich zur Mitte falten.

6 Wiederhole Faltschritt 4 und 5 auf der Rückseite und wende die Figur wieder.

7 Klappe nun die linke obere Lage nach rechts.

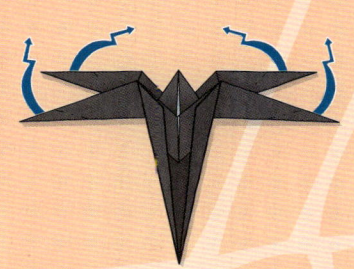

8 Falte auch hier die Seiten zur Mitte. Danach legst du zwei Spitzen wieder nach links und faltest auch auf dieser Seite die Seiten zur Mitte.

9 So sieht deine Figur nun aus. Die untere Spitze ist ganz schmal geworden. Falte jetzt die Spitzen links und rechts nach innen. Sie zeigen dann nach oben.

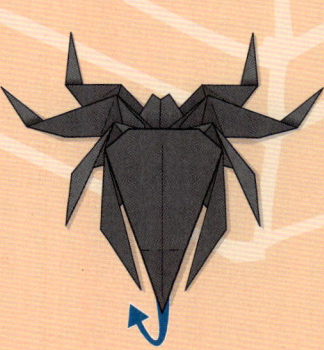
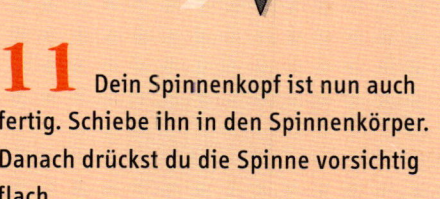

10 Falte die Spitzen rechts und links an den markierten Linien jeweils einmal nach unten, um den Beinen Form zu geben. Die kleinen Ecken oben faltest du schräg zur Seite.

11 Dein Spinnenkopf ist nun auch fertig. Schiebe ihn in den Spinnenkörper. Danach drückst du die Spinne vorsichtig flach.

12 Falte die untere Spitze entlang der markierten Linie nach hinten. Damit verbindest du auch gleichzeitig Kopf und Körper.

Es war einmal ...

Zauberer

Christian Saile

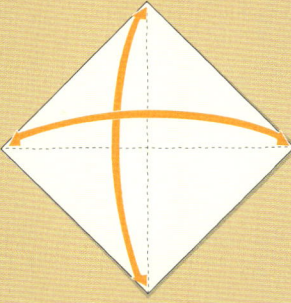

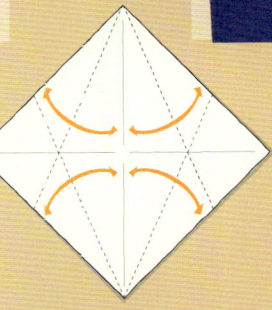

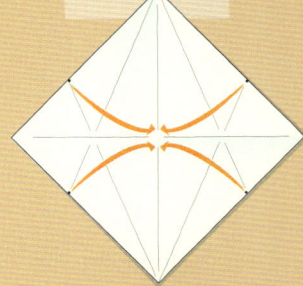

1 Lege das Papier wie abgebildet vor dich hin und falte zuerst die obere Spitze auf die untere. Diese Faltung wieder öffnen, dann die rechte Spitze auf die linke falten und diese Faltung ebenfalls wieder öffnen.

2 Falte dann jede Papierkante zur waagerechten Mittellinie und öffne alle Faltungen wieder.

3 Wenn du jetzt an den markierten Stellen drückst, schiebt sich das Papier zusammen und es entstehen die sogenannten „Hasenohren". Streiche die Figur schön glatt; sie muss jetzt wie in Faltschritt 4 aussehen.

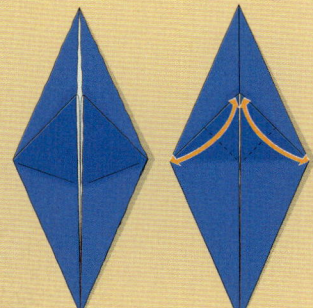

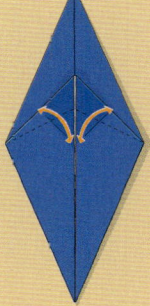

4+5 Lege die Figur so vor dich hin, dass die kleinen Spitzen nach oben zeigen. Falte nun die beiden kleinen Spitzen auf die linke bzw. rechte Ecke. Öffne die Faltungen wieder.

6 Jetzt faltest du die kleinen Spitzen in Richtung Mitte. Die Kante der Spitzen liegt dann waagerecht. Öffne auch diese Faltung wieder.

7+8 Drücke die Spitzen zusammen. Durch die vorgefalteten Knicke entstehen jetzt sogenannte „Hasenohren".

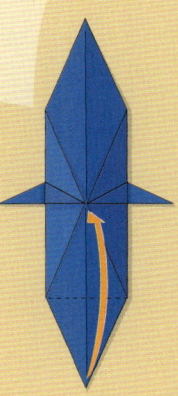

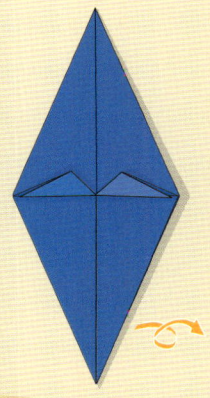

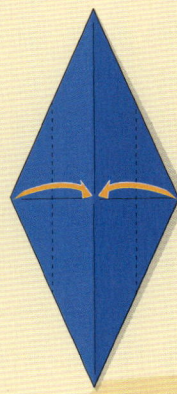

9 Diese legst du nach rechts bzw. links zur Seite. So sieht deine Figur nun aus; wende sie.

10 Falte die rechte und linke Ecke zur Mittellinie.

11 Danach schauen seitlich die kleinen Spitzen raus. Die untere Spitze faltest du nach oben. Streiche alles schön glatt.

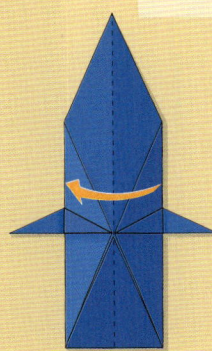

12 Klappe deine Figur mittig zusammen.

13 Falte an den markierten Linien vor. An der mit 1 markierten Linie stülpst du die Spitze im Gegenknick nach rechts außen.

14 An der mit 2 markierten Linie stülpst du die Spitze wieder zurück nach links außen.

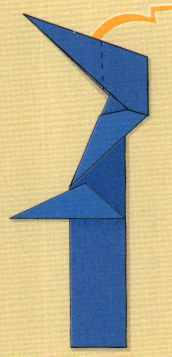

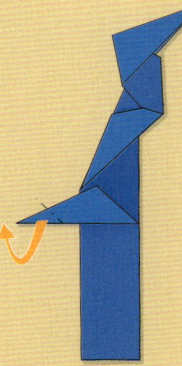

15 Falte die obere Spitze nochmals vor und stülpe sie ein weiteres Mal nach rechts außen. Jetzt hast du das Schwierigste geschafft.

16 Die kleinen Spitzen links werden die Hände deines Zauberers. Falte diese nach innen und oben.

17 Abrakadabra, dein Zauberer!

Teufelsmaske

Christian Saile

Du brauchst
✓ Faltpapier in Rot
15 cm x 15 cm

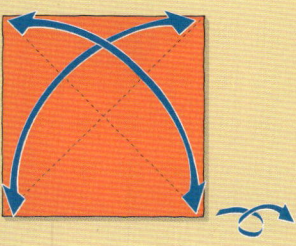

1 Lege das Papier wie abgebildet vor dich hin. Falte nun diagonal von links unten nach rechts oben, öffne das Blatt wieder und falte nun von rechts unten nach links oben. Die Faltung wieder öffnen und das Blatt wenden.

2 Jetzt das Papier waagerecht und senkrecht in der Mitte falten und wieder öffnen.

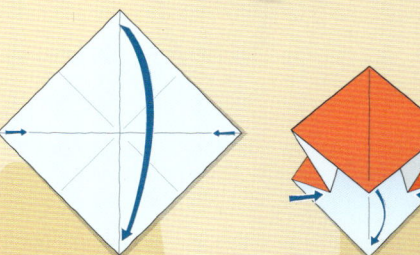

3+4 Lege die seitlichen Spitzen zur unteren Spitze und klappe die obere Spitze nach unten. Streiche alles schön glatt.

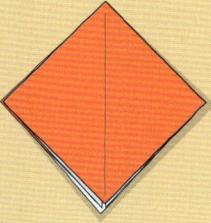

5 Vor dir liegt nun ein zusammengeschobenes Quadrat.

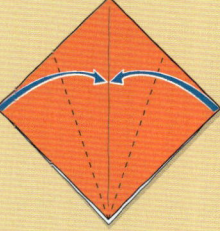

6 Falte die obere rechte und linke Papierkante zur senkrechten Mittellinie, sodass sich beide Kanten dort berühren.

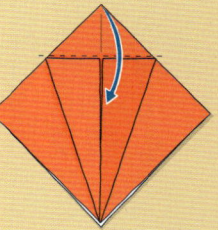

7 Nun faltest du die Spitze oben an der Markierung nach unten.

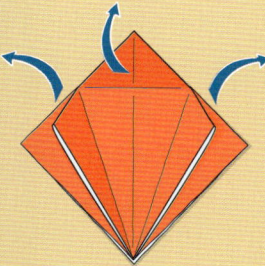

8 Öffne die letzten Faltungen wieder ...

9 ... und klappe auf der offenen Seite die obere Spitze wie abgebildet so weit wie möglich nach oben auf.

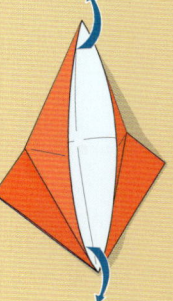

10 Die darunter liegende Spitze bleibt unten und die Seitenkanten werden nun nach innen auf die senkrechte Mittellinie gedrückt.

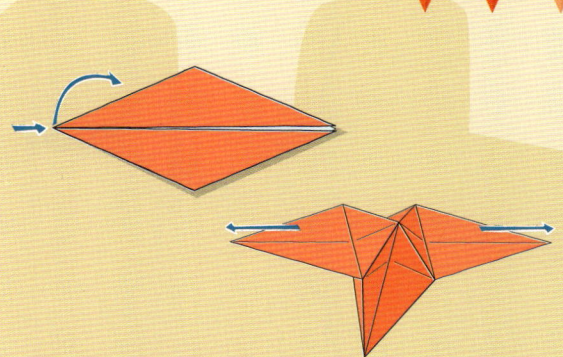

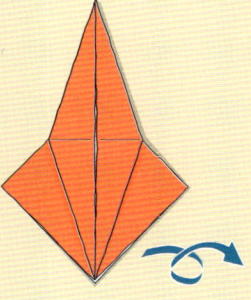

11 Streiche die Papierkanten glatt, damit deine Faltarbeit wie hier abgebildet aussieht. Drehe sie nun um und wiederhole die Schritte 6–11 auf der Rückseite.

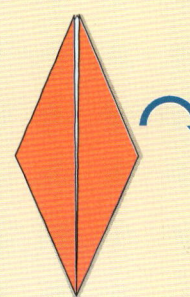

12 Drehe deine Figur um 90 Grad.

13+14 Nun zeigt die offene Spitze nach rechts. Nimm die beiden Spitzen, die auf der linken Seite liegen, und ziehe sie wie abgebildet auseinander, ...

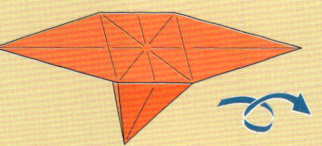

15 ... sodass du eine glatte Fläche erhältst. Wende deine Figur wieder ...

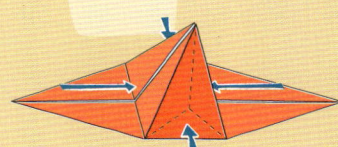

16+17 ... und stelle das Papier danach mit der glatten Fläche auf den Tisch. Die Spitze zeigt dabei nach oben. Drücke die beiden sich gegenüber liegenden Seiten vorne und hinten entlang den gestrichelten Linien nach innen zur Mitte. Drehe die Figur wieder um 90 Grad.

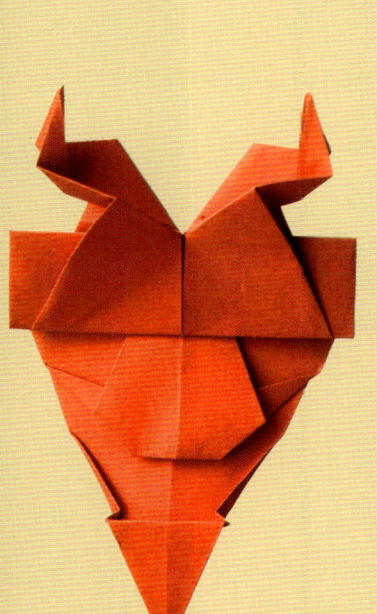

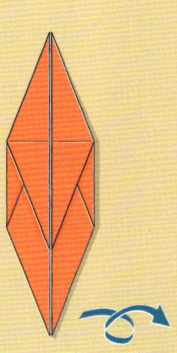

18 Die kleinen Spitzen in der Mitte zeigen nach unten. Wende deine Figur.

19 Falte nun die obere Spitze auf die untere. Die kleinen Spitzen von hinten zeigen jetzt nach oben.

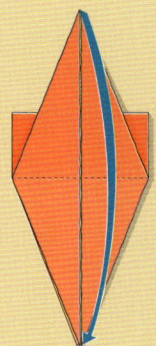

20 Danach klappst du die Figur entlang der Mittellinie nach unten.

Weiter geht es auf Seite 62.

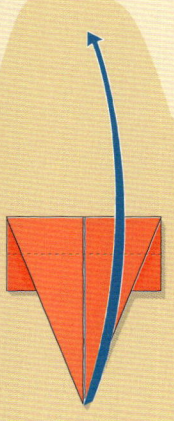

21 Falte die obere Lage an der gestrichelten Linie wieder nach oben.

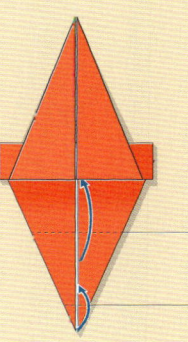

22 So sieht deine Figur nun aus. Falte erst unten die kleine Spitze hoch. Dann faltest du an der oberen Linie hoch und schiebst die geknickte Spitze unter die Kante.

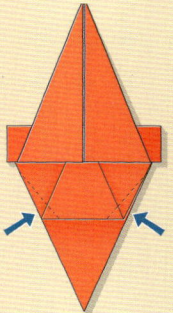

23 Falte die eingezeichneten Ecken nach innen. Es ist einfacher, wenn du sie vorher einmal vorfaltest.

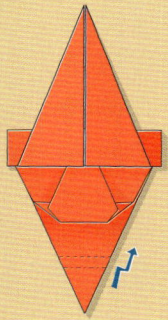

24 Die untere Spitze faltest du nun an der oberen Linie hoch und an der unteren Linie wieder zurück.

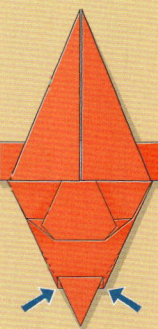

25 Falte die Ecken vor und drücke sie dann nach innen.

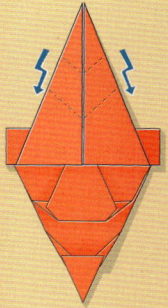

26 Falte an den eingezeichneten Linien vor. Falte dann an der unteren Linie die Ecken rechts und links im Gegenknick nach innen. An der oberen Linie faltest du die Ecken ebenso nach innen, aber nach oben. Das sind dann die Teufelshörner.

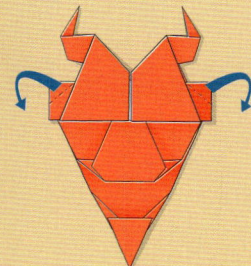

27 Die kleinen Ecken faltest du noch nach hinten.

28 Wenn du möchtest, kannst du deinem Teufel noch Augen aufmalen oder ihn aus einem 50 cm x 50 cm großen Papier falten und dir eine richtige Maske für dich basteln. Dazu musst du nur noch zwei Löcher für die Augen ausschneiden und ein Gummiband anbringen.

Krone
Traditionell

Du brauchst
✓ Faltpapier in Gold
15 cm × 15 cm

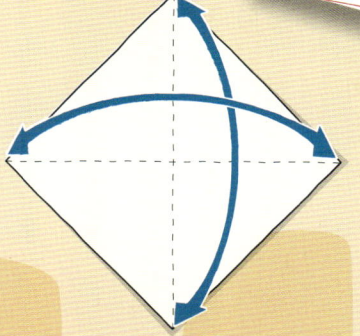

1 Lege das Papier mit der goldenen Seite nach unten vor dich hin. Falte die linke auf die rechte Ecke und öffne die Faltung wieder. Dann faltest du die obere auf die untere Ecke und öffnest auch diese Faltung.

2 Falte nun alle vier Ecken zum Mittelpunkt.

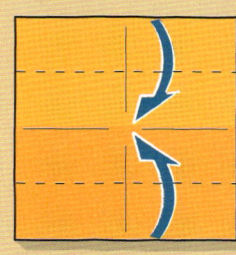

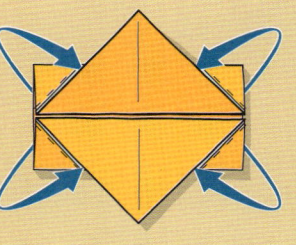

3 So sieht deine Figur nun aus; wende sie.

4 Nun faltest du die untere und obere Papierkante zur Mittelkante. Dabei kommen die hinten liegenden oberen und unteren Ecken automatisch nach oben.

5+6 Die vier kleinen Ecken faltest du nun unter die großen Dreiecke.

Mein Tipp
Für eine Krone, die auch auf deinen Kopf passt, brauchst du goldenes Tonpapier in 38 cm x 38 cm.

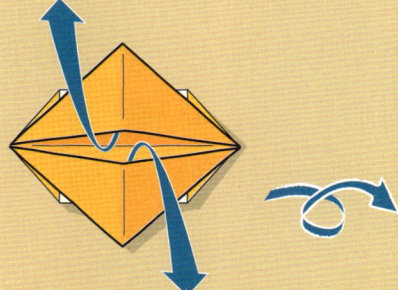

7 Ziehe jetzt die Figur in der Mitte auseinander und drehe sie um

8 Jetzt bist du der König des Origami!

Drache

Christian Saile

Du brauchst
✓ Faltpapier
in Hellgrün
15 cm x 15 cm

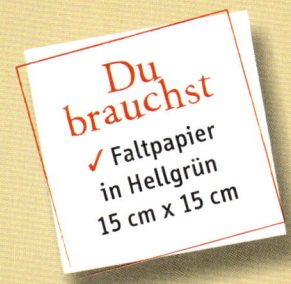

1 Lege das Papier wie abgebildet vor dich hin. Falte nun diagonal von links unten nach rechts oben, öffne das Blatt wieder und falte nun von rechts unten nach links oben. Die Faltung wieder öffnen und das Blatt wenden.

2 Jetzt das Papier waagerecht und senkrecht in der Mitte falten und wieder öffnen.

3 Schiebe nun alle vier Ecken nach oben, dann entsteht ein zusammengeschobenes Quadrat.

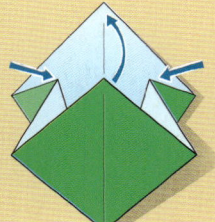

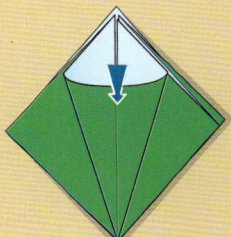

4 Die offene Spitze soll nun nach oben zeigen. Streiche alles schön glatt.

5+6 Klappe das vordere linke Dreieck nun nach oben und drücke die mit einem Pfeil markierte Spitze leicht nach innen. Dadurch öffnet sich die Papierlage etwas.

7 Drücke die Spitze nun weiter nach innen, sodass die beiden Mittellinien genau aufeinanderliegen. Eine Art Drachenfigur ist entstanden.

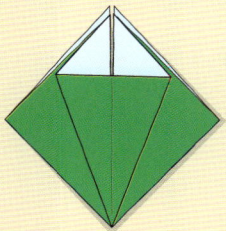

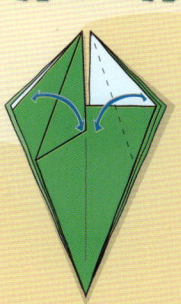

8 Streiche die Kanten rechts und links glatt.

9 Nun klappst du die linke Hälfte der Drachenfigur nach rechts um und klappst die hintere rechte Papierlage nach links um. Wiederhole die Faltschritte 5–9 auf allen Seiten.

10 Jetzt die linke und rechte obere Kante der Drachenfigur zur senkrechten Mittellinie falten und wieder öffnen.

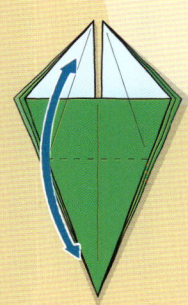

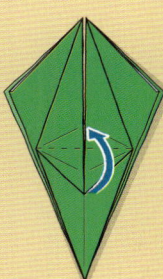 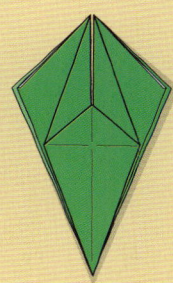

11 Nun die untere Spitze an der gestrichelten Linie nach oben und wieder zurückfalten.

12+13 Öffne die Drachenfigur wieder etwas an der mit einem Pfeil markierten Stelle und drücke die Ecken der Figur nach innen auf die Mittellinie, sodass sich die Papierkanten dort berühren.

14+15 Falte nun das kleine Dreieck an der waagerechten Mittellinie nach oben.

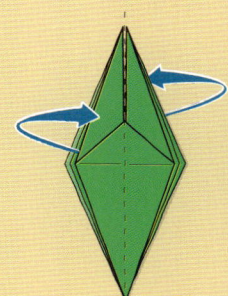 

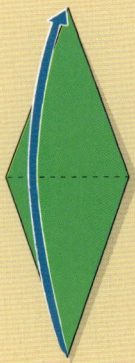

16+17 Jetzt klappst du den kleinen linken Flügel samt der darunterliegenden Papierlage nach rechts und wiederholst die Schritte 10–16 auch für die anderen Drachenfiguren.

18+19 Wenn du die letzte Faltung ausgeführt hast, klappst du die linke obere Papierlage nach rechts und die unterste rechte Papierlage nach links. Auf jeder Seite hast du jetzt vier Papierlagen. Drehe die Figur um 180 Grad.

20 Falte nun die untere Spitze auf Vorder- und Rückseite nach oben.

Weiter geht es auf Seite 66.

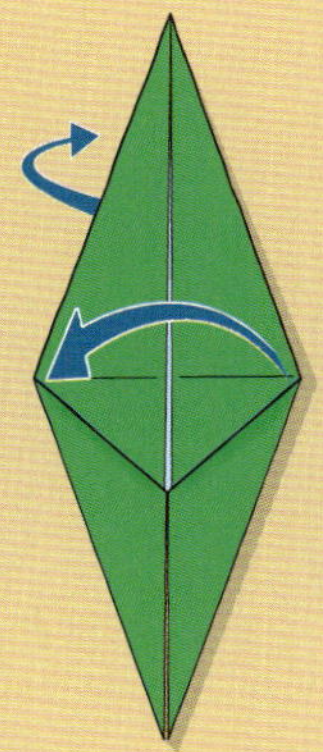

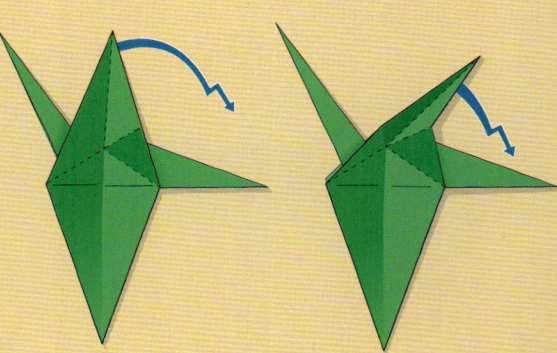

21 Danach faltest du die beiden oberen Papierlagen nach links und die beiden unteren Papierlagen von links nach rechts. Pass hier auf, dass du nicht durcheinander kommst.

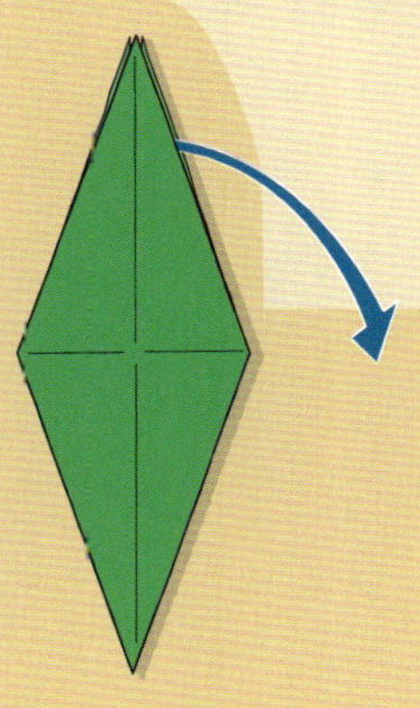

22 Die rechts innen liegende Spitze wird nun weit nach unten gezogen. Gut flach drücken.

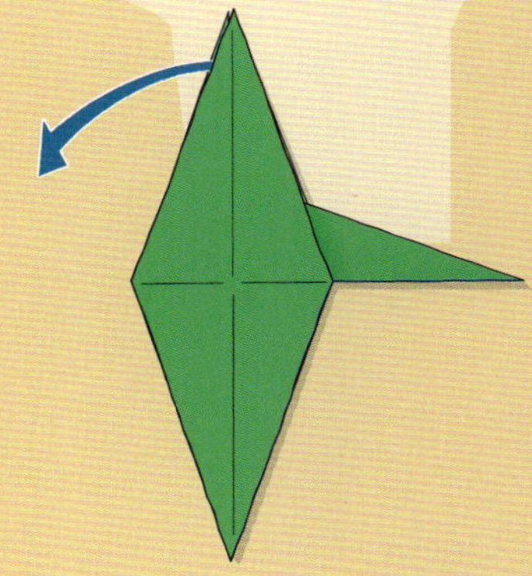

23 Danach ziehst du auch die linke innen liegende Spitze etwas nach unten und streichst auch diese schön flach.

24 Die linke Spitze auf der Vorder- und Rückseite an der markierten Linie nach innen falten.

25 Damit der nächste Faltschritt nicht so schwierig wird, falte alle markierten Linien an der dicken Spitze als Berg- bzw. Talfalte vor.

26+27 Drücke die obere Spitze nun rechts und links zusammen und ziehe sie danach nach rechts. Es geht besser, wenn du die unteren Spitzen dabei gut festhältst. Das ist sehr knifflig, hier brauchst du etwas Geduld.

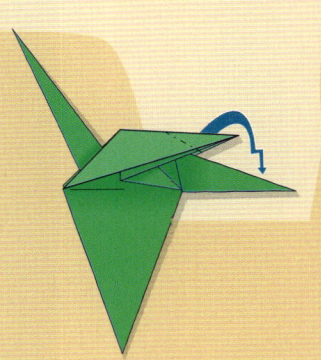

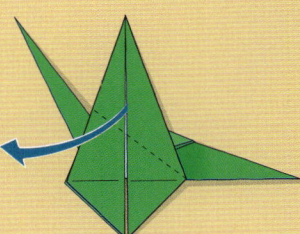

28 Das kleine Ende dieser Spitze faltest du nach innen und steckst es in die obere Öffnung des Drachenschwanzes.

29+30 Falte nun die unteren Spitzen auf der Vorder- und Rückseite nach oben. Das werden später die Drachenflügel.

31 An den markierten Linien werden die Flügel wieder ein Stück schräg nach unten gefaltet.

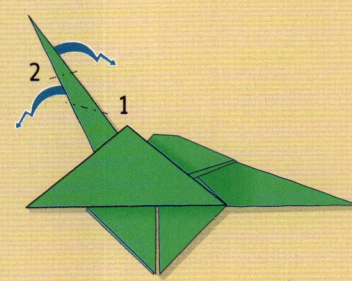

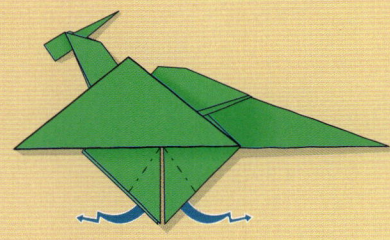

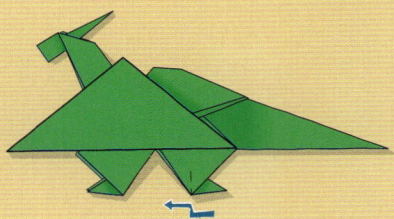

32 Die schmale linke obere Spitze wird am ersten Faltknick nach innen und am zweiten Faltknick wieder nach innen gefaltet. Nun hat dein Drache auch schon einen Kopf.

33 Die unteren Spitzen auf Vorder- und Rückseite jeweils schräg nach innen falten.

34 An den hinteren Drachenbeinen die innen liegenden Ecken wieder ein Stück nach links falten. Jetzt kann dein Drache seine Flügel ausbreiten und abheben.

wird's frech!

Grashüpfer
Traditionell

Du brauchst
✓ Faltpapier in Grün, 7,5 cm x 7,5 cm

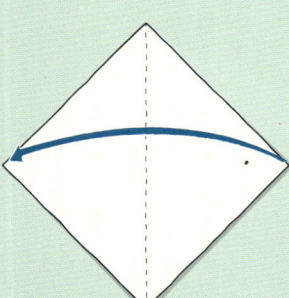

1 Lege das Papier mit der farbigen Seite nach unten vor dich hin und falte die rechte auf die linke Spitze.

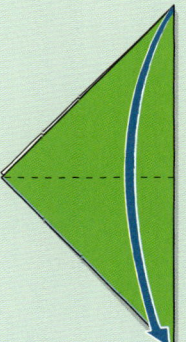

2 Nun faltest du die obere auf die untere Spitze.

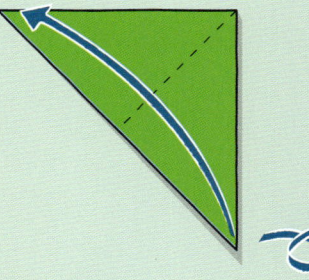

3 Falte die obere Lage der unteren auf die obere Spitze. Wende deine Figur.

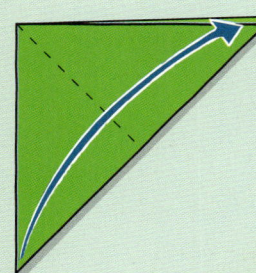

4 Falte nun die untere auf die obere Spitze.

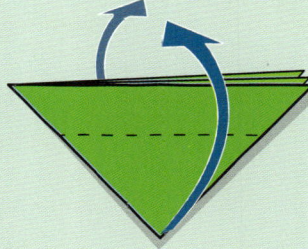

5 Drehe nun deine Figur so, dass sie wie abgebildet vor dir liegt. An der markierten Linie wird jetzt die obere Lage der unteren Spitze nach oben gefaltet. Wiederhole dies auf der Rückseite.

6 Dein Grashüpfer ist nun fertig. Wenn du ihn an der offenen Seite mit dem Finger antippst, macht er Saltos!

Mädchen erschrecken!

1 Falte einen kleinen Grashüpfer. Das Papier dafür sollte nicht größer als 6 cm x 6 cm sein.

2 Klebe mit der Heißklebepistole die Kugelschreiberfeder mit einem Ende innen an die kurze Seite der inneren Streichholzschachtel.
In das andere Ende der Feder klebst du ein Stück von einem Zahnstocher. Feder und Zahnstocher sollten gemeinsam nicht länger als die innere Schachtel sein. Die Schachtel sollte sich noch gut schließen lassen.

3 Auf den Zahnstocher setzt du nun deinen Grashüpfer. Halte ihn fest und schiebe die Schachtel zu. Ab damit in deine Hosentasche.

Du brauchst
✓ Streichholzschachtel
✓ Zahnstocher
✓ Kugelschreiberfeder
✓ Heißkleber
✓ gefalteter Grashüpfer

Mein Tipp
Mädchen haben dich geärgert und du willst Revanche? Lass den Grashüpfer aus der Schachtel hüpfen und freu dich daran, wie die Mädchen quieken! Sie wissen ja nicht, dass der Grashüpfer nicht echt ist! Ha ha!

Glückssternchen

Traditionell

Du brauchst
✓ Papier in verschiedenen Farben, 1,5 cm x 29 cm

1 Als Erstes nimmst du den Streifen an einem Ende und machst vorsichtig einen Knoten hinein.

2 Ziehe den Knoten sehr behutsam enger, sodass die Streifenenden schön eingefasst sind. Drücke ihn anschließend flach.

3 Jetzt faltest du das kürzere Ende nach hinten um, drehst den Streifen ...

4 ... und steckst dieses Ende in die Tasche, die auf der Rückseite zu sehen ist.

5 Wende den Streifen erneut.

6 Wickle nun das lange Ende des Streifens **schön straff** nach und nach um den Stern. Führe den Streifenrand dabei immer genau an den Kanten des Sterns entlang. Beachte, dass du immer an einer anderen Kante entlang wickelst, aber das passiert fast schon automatisch.

8 So sollte dein Stern jetzt aussehen.

7 Wenn du kurz vor dem Ende angekommen bist, klappst du den Streifen ein letztes Mal um und steckst das Ende in die entstandene Lasche. Sollte noch ein Rest des Streifens herausschauen, ziehst du das Ende wieder heraus und schneidest es entsprechend zu.

9 Nun nimmst du den Stern zwischen die Finger deiner Hand und drückst dabei leicht gegen die Papierkanten, während du mit dem Daumen der anderen Hand die Seiten des Sterns vorsichtig nach innen drückst. Auch hier macht Übung den Meister.
So plustert sich dein Stern nach und nach auf.

Sternschnuppen-Schleuder

1 Falte einige von den kleinen Sternchen. Vermutlich wirst du viele brauchen, denn du wirst gleich merken, wie viel Spaß das Schleudern macht.

2 Befestige den Gummi an deiner kleinen Astgabel rechts und links wie bei einer Steinschleuder.

3 Und schon kann es losgehen! Wenn du neonfarbenes oder fluoreszierendes Papier für die Sternchen nimmst, kannst du sie auch im Dunkeln abschießen und es wird viele Sternschnuppen geben. Wetten, dass bei dieser Sternschleuder niemand mit dir schimpft?

Du brauchst
- ✓ kleine Astgabel
- ✓ Gummiring
- ✓ Origami-Sternchen

Fingermonster

Christian Saile

Du brauchst
✓ Faltpapier in Hellgrün oder Blau
15 cm x 15 cm

1 Lege das Papier wie abgebildet vor dich hin. Falte die rechte auf die linke Spitze und öffne die Faltung wieder. Dann faltest du die obere auf die untere Spitze.

2 Falte nun die obere Lage an der markierten Linie nach oben.

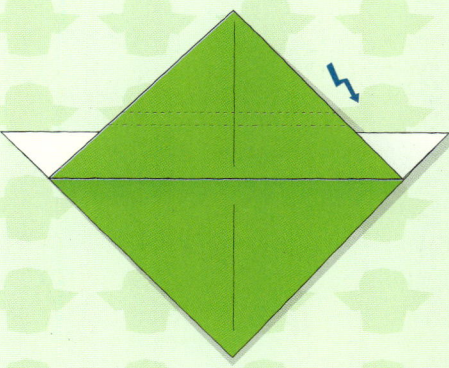

3 Nun faltest du die obere Spitze an der Strichpunktlinie nach hinten und an der gestrichelten Linie wieder nach vorne.

4 Hier faltest du an der Strichpunktlinie nach vorne und an der gestrichelten Linie nach hinten.

Weiter geht es auf Seite 76.

5 Die Spitze ganz oben faltest du nun an der Strichpunktlinie nach hinten.

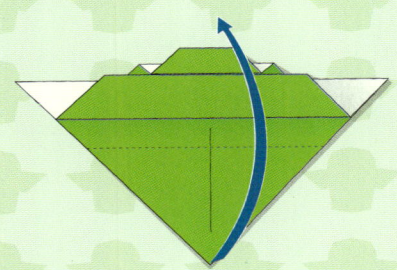

6 Jetzt die untere Spitze nach oben – etwas über die obere Kante hinaus – falten.

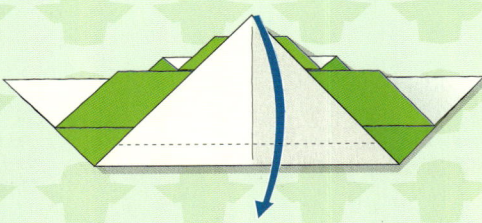

7 Nun faltest du die Spitze an der markierten Linie wieder nach unten ...

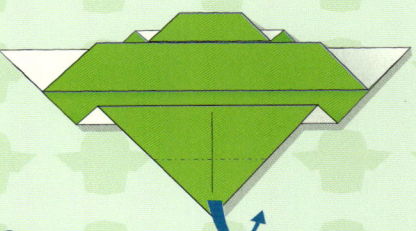

8 ... und dann an der Strichpunktlinie nach hinten.

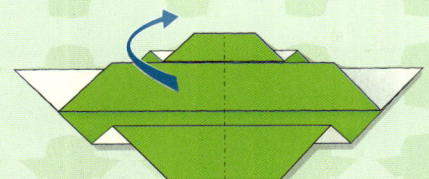

9 Falte die Figur nun in der Mitte nach hinten.

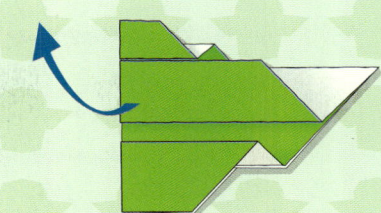

10 Halte dein Fingermonster nun unten fest und ziehe den vorderen oberen Teil ein wenig hoch. Streiche dann alles schön glatt.

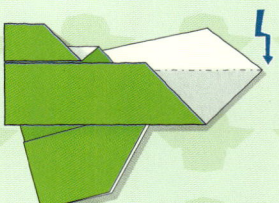

11 An der markierten Linie faltest du die entstandene Ecke rechts nach innen. Das wiederholst du auch auf der Rückseite.

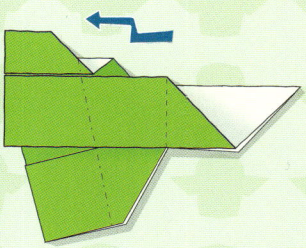

12 Falte nun die Seite an der gestrichelten Linie nach links und an der Strichpunkt-Linie nach innen. Das wiederholst du auf der Rückseite.

13 Dein Monster braucht noch Augen. Dafür formst du die Papierränder auf der Vorder- und Rückseite entlang der Markierung mit dem Fingernagel etwas aus.

14 Klappe das Gesicht auf und schiebe es über deinen Finger. Fertig ist dein Fingermonster.

Unsere Buchtipps für dich

Basteln, das heißt spielen, staunen, begreifen und die eigene Kreativität entdecken. Ob hübsche Dekoration oder tolle Bastelidee: In diesen Büchern wird garantiert jeder fündig.

TOPP 5753
ISBN 978-3-7724-5753-1

TOPP 5774
ISBN 978-3-7724-5774-6

TOPP 5731
ISBN 978-3-7724-5731-9

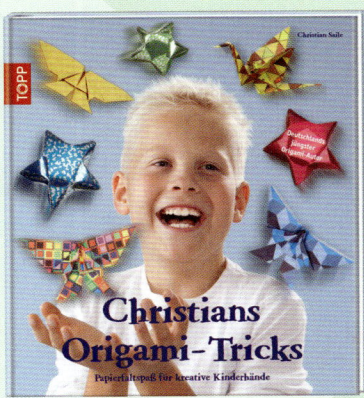

TOPP 5740
ISBN 978-3-7724-5740-1

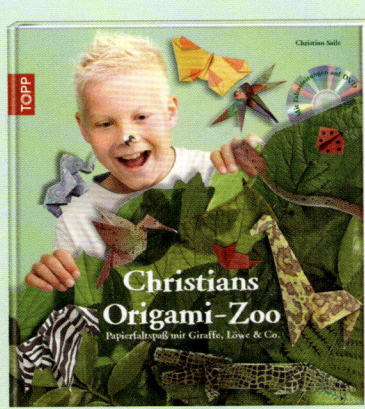

TOPP 5754
ISBN 978-3-7724-5754-8

TOPP 5738
ISBN 978-3-7724-5738-8

TOPP 5532
ISBN 978-3-7724-5532-2

TOPP 3978
ISBN 978-3-7724-3978-0

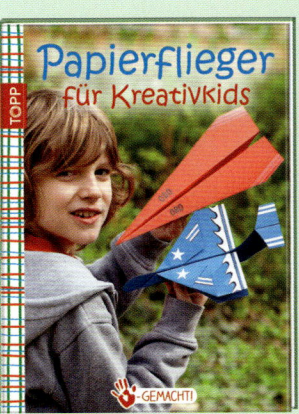

TOPP 5776
ISBN 978-3-7724-5776-0

TOPP 5543
ISBN 978-3-7724-5543-8

TOPP 5763
ISBN 978-3-7724-5763-0

TOPP 5630
ISBN 978-3-7724-5630-5

TOPP 5735
ISBN 978-3-7724-5735-7

TOPP 5756
ISBN 978-3-7724-5756-2

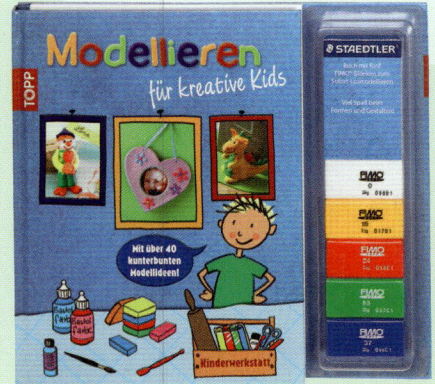

TOPP 5730
ISBN 978-3-7724-5730-2

TOPP 5734
ISBN 978-3-7724-5734-0

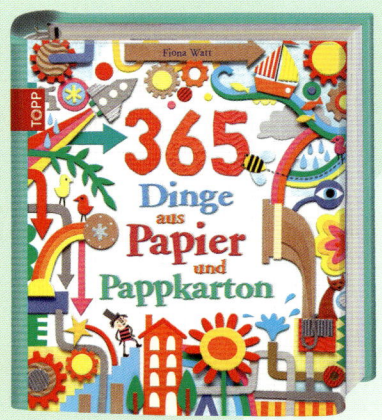

TOPP 5758
ISBN 978-3-7724-5758-6

Hier findest du noch
mehr Informationen zu
unserem Programm:

www.topp-kreativ.de

Wer mehr über den Autor erfahren möchte, kann gerne einen
Blick auf seine Website www.christian-saile.de werfen.

Christian Saile bedankt sich sehr herzlich bei seinen Freunden
Zaira und Yannick für ihre Mitarbeit beim Fotoshooting und
den Gmünder-Origami-Kids für das Testen der Faltanleitungen.
Ein Dankeschön geht ebenfalls an OKIDOKI in
Schwäbisch-Gmünd für das Ausleihen der Kostüme.

Impressum

Hilfestellung zu allen Fragen, die Materialien und Bastelbücher
betreffen: Frau Erika Noll berät Sie.

Rufen Sie an: 05052/911858*

*normale Telefongebühren

FOTOS: frechverlag GmbH, 70499 Stuttgart; lichtpunkt, Michael Ruder, Stuttgart

PRODUKTMANAGEMENT UND LEKTORAT: Tina Herud

LEKTORAT: Worthographie, Julia Strohbach, Reutlingen

ZEICHNUNGEN: ARNOLD & DOMNICK, Leipzig

GRAFISCHE GESTALTUNG: ARNOLD & DOMNICK, Leipzig

GRAFISCHE GESTALTUNG UMSCHLAG: Katrin Röhlig

DRUCK UND BINDUNG: G. Canale & C. S.p.A., Europe

1. Auflage 2013

© 2013 frechverlag GmbH, 70499 Stuttgart

ISBN 978-3-7724-5781-4
Best.-Nr. 5781